현대카드·현대캐피탈의 변화와 혁신

서울대학교 경영연구소
기업경영사연구총서 30

현대카드·현대캐피탈의 변화와 혁신

펴낸곳 서울대학교출판문화원
펴낸이 오연천
지은이 김성수

초판 1쇄 발행 2011년 2월 28일
초판 4쇄 발행 2013년 4월 10일
출판등록 제15-3호

주소 서울 관악구 관악로 1 우편번호 151-742
대표전화 02-880-5252 **팩스** 02-888-4148
마케팅팀(주문상담) 02-889-4424, 02-880-7995
이메일 snubook@snu.ac.kr
홈페이지 www.snupress.com
영문홈페이지 eng.snupress.com

ISBN 978-89-521-1191-3 94320
세트 978-89-521-1016-9

본 연구총서는 서울대학교 발전기금 연구비 및
서울대학교 경영연구소 연구비 지원에 의하여 이루어졌음.

서울대학교 경영연구소 기업경영사연구총서 30

현대카드·현대캐피탈의 변화와 혁신

김성수 지음

서울대학교출판문화원

Innovations at Hyundai Card/Hyundai Capital

Seongsu Kim

Seoul National University Press

머리말

현대 기업들이 당면한 가장 중요한 도전은 격심한 환경변화와 치열한 경쟁이라 할 수 있다. 이에 더하여 최근 글로벌 금융위기로 인한 세계경제의 불확실성, 빠른 기술 변화, 소비자와 사회의 점증하는 요구 등은 기업의 불안정성을 높이고 있고, 이러한 상황 속에서 기업 간의 과도한 경쟁은 어느 기업도 현재의 위치에서 안주할 수 없도록 만들고 있다. 특히 업종 간의 장벽이 무너지고, 업계의 맹주이던 세계적인 대기업이 파산하거나(GM, 메릴린치 등), 1등의 위치를 상실하는(Sony 등) 현실에서 환경변화와 경쟁에 적응하지 못하는 기업은 설 자리를 잃고 있다.

기업들이 당면한 또 다른 도전은 세계 경제의 흐름이 지식기반 경제(knowledge-based economy)에서 창의성기반 경제(creativity-based economy)로 변화하는 것이다(Hamel, 2009). 특히 한국 기업들은 그동안 소위 '빠른 추종자(fast follower) 전략'으로 선진기업을 모방하며 추격해왔는데, 이제는 다수의 한국 기업이 자신의 사업 분야에서 세계 1위에 올라섬에 따라 더 이상 모방할 대상이 없어지고 말았다. 1등이 된 이들 기업은 이제 진정한 혁신가(innovator)가 되지 않으면 그 지위를 유지하기 어렵기 때문에 창조와 혁신을 추구해야 하는 상황에 처해 있다. 그러나 대다수 한국 기업의 조직문화는 빠른 추종자 전략을 추구하던 시절에 정착된 것이어서, 창조적인 면모와는 상반되는 위계적이고 경직된 요소가 많아 창조와 혁신이 꽃피기 어려운 것이 현실이다. 또한 창조와 혁신은 1등 기업뿐만 아니라 1등이 되고자 하는 기업에게도 절실히 요구된다. 경쟁의 심화로 1등 기업을 모방하는 것만으로는 앞서 나갈 수 없기 때문에 후발 기업은 경쟁기업보다 더 높은 수준의 창의성을 발휘해야만 하는 어려운 상황에 놓여 있다.

이처럼 현대의 기업은 이전과 판이한 새로운 변화와 경쟁구도 속에서 생존을 위한 창조적인 변화를 요구받고 있다. 이러한 변화를 효과적으로 수행할 수 있는 다양한 전략 가운데 대표적인 것이 바로 변화와 혁신의 조직문화를 구축하는 것이다(김성수, 2010; Kotter, 2010). 끊임없이 변화하는 환경과 치열한 경쟁은 결국 조직의 창의적인 대응을 요구하므로 어느 한 형태의 전략이나 조직문화가 이를 효과적으로 수행할 수 없고, 결국 지속적인 변화와 혁신을 핵심가치로 삼는 조직문화가 필요하다는 것이다. 유연성과 창조성을 발휘할 수 있는 조직문화를 구축하는 것은 어려운 과제이므로 이에 성공한다면 다른 기업이 가지고 있는 역량과 차별화된 핵심역량이 된다.

따라서 일부 기업이 변화와 혁신을 회사의 핵심가치로 삼고 조직의 변화를 추구하고 있는데 그중에서도 대표적인 기업이 현대카드·현대캐피탈이다. 현대카드·현대캐피탈은 독창적인 조직문화로 인해 국내외에서 매우 주목받는 기업 중 하나로 떠올랐다. 특히 세계 기업의 벤치마킹 대상이 되고 있는 GE에서도 현대카드·현대캐피탈의 성공사례를 연구하기 위하여 2010년 10월 정태영 사장을 초청하여 GE 크로톤빌 연수원에서 강의를 받기도 했다. 이 책에서는 현대카드·현대캐피탈이 어떻게 변화와 혁신을 추구해왔고 어떤 성과를 나타냈는지에 대해 조직문화와 인사제도의 혁신을 중심으로 살펴봄으로써 치열한 경쟁 속에서 변화를 모색하고 있는 기업들에게 의미 있는 사례를 제시하고자 한다.

2011년 2월

김성수

차 례

머리말 v

제 Ⅰ 장 현대카드·현대캐피탈의 핵심가치경영

1. 현대카드·현대캐피탈의 주요 사업영역 4
2. 현대카드·현대캐피탈의 경영비전과 경영원칙 7

제 Ⅱ 장 인사제도혁신 로드맵과 전략

1. 인사제도혁신 로드맵 11
2. 주요 추진전략과 실행과제 17
    1) 인재 육성과 관리의 강화 18
    2) 운영효율성 강화 19
    3) 해외사업지원 강화 19
3. 인사제도혁신의 성과 20

제 Ⅲ 장 인사혁신체계와 추진활동

1. 기업문화체계 26
2. 인재경영체계 32

3. 추진활동 34
1) 커리어마켓 34
2) 성과관리제도 46
3) HyFA 교육제도 62
4) 조직문화 73
5) 사회공헌활동 92

제Ⅳ장 경영정보 · 인사시스템

제Ⅴ장 인사 · 복리후생제도

1. 평가제도 106
1) 연간 평가일정 107
2) 평가체계와 보상의 연계 108
3) 업적평가 · 역량평가체계 109
4) 평가방법 111
2. 보상제도 115
1) 기본연봉의 구성 115
2) 성과급의 구성 116

3. 경력개발·승진제도 117
4. HyFA 교육제도 120
5. 복리후생제도 125

제 Ⅵ 장 변화와 혁신에 대한 평가와 전망

1. 성과 127
2. 변화와 혁신의 성공요인 134
1) 성과와 직결된 핵심가치의 집요한 추구 134
2) 모험적 변화의 추구 136
3) 조직문화의 지속적 변화를 위한 메커니즘 구축 137
4) 최고경영자의 리더십 138
3. 개선방향 139
4. 현대카드·현대캐피탈의 지속적인 혁신 144

참고문헌 _149
찾아보기 _151
Abstract _155
발간사 _157

그림차례

〈그림 Ⅰ-1〉 핵심가치에 기반을 둔 경영 모델 3
〈그림 Ⅰ-2〉 현대자동차그룹과 소속 계열사 4
〈그림 Ⅰ-3〉 현대카드·현대캐피탈의 연혁 5
〈그림 Ⅰ-4〉 현대카드·현대캐피탈의 사업영역 6
〈그림 Ⅰ-5〉 현대카드·현대캐피탈의 4대 경영방침 8
〈그림 Ⅱ-1〉 신인사제도의 기본방향 12
〈그림 Ⅱ-2〉 인사 부문의 변화방향 15
〈그림 Ⅱ-3〉 반기별 직원만족도 평균 대비 인적자원관리 부문의 개선 추이 21
〈그림 Ⅱ-4〉 2009년 HR 부문 평균 대비 개별 인사기능 만족도 22
〈그림 Ⅲ-1〉 기업문화체계 26
〈그림 Ⅲ-2〉 기업문화의 정체성 확립 27
〈그림 Ⅲ-3〉 새로운 기업이미지와 알파벳 마케팅 28
〈그림 Ⅲ-4〉 기업문화의 키워드 도출 29
〈그림 Ⅲ-5〉 기업문화의 키워드가 반영된 업무환경 조성 30
〈그림 Ⅲ-6〉 일하기 좋은 회사를 위한 조직활성화 체계 30
〈그림 Ⅲ-7〉 인재개발의 기본개념 33
〈그림 Ⅲ-8〉 커리어마켓의 개념 35
〈그림 Ⅲ-9〉 커리어마켓의 운영 프로세스 38
〈그림 Ⅲ-10〉 직원만족도 평균과 HR 만족도 대비 이동 관련 문항의 개선 추이 42
〈그림 Ⅲ-11〉 4대 경영방침과 커리어마켓의 연계성 45

〈그림 Ⅲ-12〉 현대카드·현대캐피탈의 성과관리개념 E^3 49
〈그림 Ⅲ-13〉 조직과 개인의 평가-보상 연계체계 50
〈그림 Ⅲ-14〉 목표수립·업적공유세션의 절차와 내용 53
〈그림 Ⅲ-15〉 육성형 신평가제도의 평가절차 57
〈그림 Ⅲ-16〉 직원만족도 평균과 HR 만족도 대비 보상 부문의 개선 추이 59
〈그림 Ⅲ-17〉 리더십 부문의 직원만족도 개선 추이 60
〈그림 Ⅲ-18〉 직원만족도 평균과 HR 만족도 대비 평가 부문의 개선 추이 61
〈그림 Ⅲ-19〉 HyFA의 커리큘럼 66
〈그림 Ⅲ-20〉 HyFA 교육제도의 구성 68
〈그림 Ⅲ-21〉 교육 부문의 직원만족도 개선 추이 69
〈그림 Ⅲ-22〉 사이버 HyFA 시스템의 메인 화면 72
〈그림 Ⅲ-23〉 조직문화구축활동 74
〈그림 Ⅲ-24〉 Market Place: 임원합동근무 77
〈그림 Ⅲ-25〉 사내 인트라넷의 개인 블로그 79
〈그림 Ⅲ-26〉 신입사원 Welcome Kit와 사무용품 81
〈그림 Ⅲ-27〉 임직원 쇼핑몰의 메인 화면 81
〈그림 Ⅲ-28〉 본관의 다양한 레저시설 82
〈그림 Ⅲ-29〉 글로벌 배낭여행제도 88
〈그림 Ⅲ-30〉 조직분위기 부문의 직원만족도 개선 추이(1) 89
〈그림 Ⅲ-31〉 조직분위기 부문의 직원만족도 개선 추이(2) 90

〈그림 Ⅲ-32〉 전사 커뮤니케이션 부문의 직원만족도 개선 추이 91
〈그림 Ⅲ-33〉 사회공헌활동 93
〈그림 Ⅳ-1〉 인트라넷 CUBE 화면 예시 97
〈그림 Ⅳ-2〉 인사포털시스템의 메인 화면 예시 98
〈그림 Ⅳ-3〉 화상조직도의 메인 화면 예시 98
〈그림 Ⅳ-4〉 복리후생 규정조회 및 신청 화면 예시 101
〈그림 Ⅴ-1〉 연간 평가일정 107
〈그림 Ⅴ-2〉 평가체계와 활용 109
〈그림 Ⅴ-3〉 업적평가의 방법 112
〈그림 Ⅴ-4〉 역량평가요소와 평가 예시 113
〈그림 Ⅴ-5〉 역량평가 종합의견 예시 114
〈그림 Ⅴ-6〉 HyFA 교육제도의 구성과 주요 특징 122
〈그림 Ⅴ-7〉 GE 연계 교육프로그램 현황 124
〈그림 Ⅵ-1〉 ESI의 연도별 전체 평균 128
〈그림 Ⅵ-2〉 ESI의 연도별 만족도 비율 129
〈그림 Ⅵ-3〉 6개 대항목별 직원만족도 개선 추이 130
〈그림 Ⅵ-4〉 이직률 개선 추이 132
〈그림 Ⅵ-5〉 현대카드·현대캐피탈의 재무성과 133
〈그림 Ⅵ-6〉 반기별 직원만족도 개선 추이 141

제 I 장

현대카드·현대캐피탈의 핵심가치경영

2003년 이후 현대카드·현대캐피탈[1])이 보여주고 있는 전 방위적 약진과 혁신적인 면모는 한국을 넘어 세계적인 관심을 받고 있다. 우선 2003년 8천억 원에 육박하던 적자는 2005년을 기점으로 흑자로 돌아서 2009년에는 약 6,520억 원의 순이익을 기록했다(현대커머셜 포함). 후발주자로서 뒤늦게 뛰어든 현대카드는 굴지의 경쟁사들의 시장점유율이 뒷걸음치는 가운데 2003년 3.0%의 시장점유율을 기록한 이후 지속적인 성장세를 유지하여 2009년에는 16.9%에 이르렀다. 자동차금융과 오토리스(auto-lease) 부문에서 두각을 나타내고 있는 현대캐피탈은 2009년을 기준으로 국내 신차와 중고차 할부 시장에서 최대의 시장점유율(각각 92.5%, 64.5%)을 보유하고, 국내 오토리스 시장에서는 89.3%의 시장점유율을 기록하고 있다. 또한 현

1) 현대카드와 현대캐피탈은 각각 독립된 법인이지만 동일한 최고경영자 아래 동질적인 조직문화를 가지고 있으므로 이 책에서는 두 회사를 하나로 통칭하여 표기한다. 2007년 3월에는 현대캐피탈에서 분사(spin-off)되어 기업금융을 주된 사업영역으로 하는 현대커머셜이 설립되었다. 현대커머셜도 현대카드·현대캐피탈과 동일한 최고경영자와 조직문화를 가지고 있어서 이 책의 내용이 대부분 적용된다고 볼 수 있다.

대캐피탈은 GE(General Electric) 소비자금융과 제휴한 이후 개인신용대출과 주택담보대출(mortgage) 부문에서도 선전을 지속해오고 있다.

고객에게 최고의 가치를 주고자 노력하는 서비스, 기발한 카드 디자인과 각종 광고매체를 통한 감각적이고 세련된 기업이미지(corporate image)의 전파는 브랜드(brand)와 자기 자신의 가치를 동일시하고 항상 새로운 것을 갈망하는 소비자의 이목을 끌기에 충분했다. 특히 현대카드·현대캐피탈이 보여준 비약적인 성공 스토리의 배후로 독특한 조직문화와 인재경영이 지목되면서 외부 기관의 각종 인사 관련 평가에서 우수업체로 선정되고 있으며, 커리어마켓(career market)과 같은 대표적인 인사정책은 언론에 소개되어 공공기관과 기업들의 벤치마킹 대상이 되고 있다.

현대카드·현대캐피탈은 현대기아차그룹의 금융계열사로서 2003년만 하더라도 양사의 적자 합계가 8천억 원을 넘어 커다란 경영위기에 직면해 있었다. 당시 현대카드는 신생회사로서 신용카드업에서 시장점유율 3%대의 미미한 실적을 거두고 있었고, 현대캐피탈은 현대자동차(현 현대기아차그룹) 구매고객에 대한 할부금융 중심의 사업에 안주하고 있어 금융시장의 치열한 경쟁과 금융업의 성장가능성에 대한 대책이 미약한 실정이었다. 그러나 2003년 취임한 정태영 사장은 경영전략과 조직문화의 대대적인 혁신을 단행하였다. 새로운 경영전략을 수립하고 이를 효과적으로 집행할 수 있는 인력을 외부에서 대거 영입한 현대카드·현대캐피탈은 이들 인력이 기존의 경직된 조직문화에 매몰되지 않도록 하고 세계적인 역량을 갖춘 인재를 키워내기 위해 새로운 문화가 필요했다. 이를 위해 기존의 문화와는 완전히 다른, 변화와 혁신을 회사의 핵심적인 가치로 하는 조직문화를 발전시키기 위해 다양한 제도 개혁의 필요성이 대두된 것이다. 현대카드·현대캐피탈은 조직문화의 개선을 위해 사원의 의견을 청취하는 CLB(Change Leader Board), 다양한 포럼, 직원만족도조사 등을 통해 조직문화의 문제점을 찾고, 이를 해결하기 위해 제도를 개선하고, 다시 조직문화에 대한 진단을 수행함으로써 조직문화를 개선해가는 체계적인 작업을 꾸준히 시행해왔다.

〈그림 I-1〉 핵심가치에 기반을 둔 경영 모델

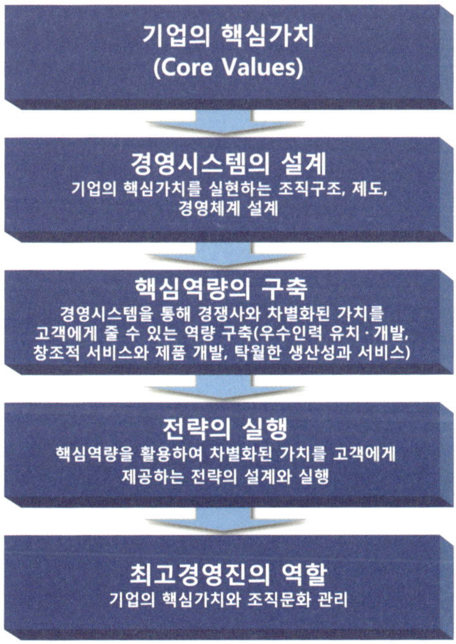

자료: O'Reilly(2000)를 참조하여 작성.

이러한 현대카드·현대캐피탈의 노력은 최근 경영학계에서 주목받는 '핵심가치에 기반을 둔 경영(value-based management)' 모델로 잘 설명된다. 〈그림 I-1〉에 제시된 것처럼 현대카드·현대캐피탈은 핵심가치(4대 경영방침)를 명확히 하고 이에 기반을 둔 경영시스템의 정립을 적극 추구해왔다. 핵심가치에 기반을 둔 경영시스템의 정립은 현대카드·현대캐피탈만의 역량을 구축하는 데 크게 기여하였고, 이러한 역량을 활용하여 회사는 전략을 효과적으로 집행함으로써 높은 성과를 달성해왔다. 이 과정을 확실하고 원활하게 이루어내기 위해 현대카드·현대캐피탈의 최고경영진은 핵심가치와 조직문화 관리자의 역할을 집요하게 추구해온 것이다.

제 I 장에서는 현대카드·현대캐피탈의 주요 사업영역을 알아보고, 회사 조직문화의 가장 핵심적 부분인 인사시스템을 중심으로 현대카드·현대캐피탈의 변화와 혁신을 설명하기로 하겠다.

1 현대카드·현대캐피탈의 주요 사업영역

현대카드·현대캐피탈은 현대자동차그룹의 금융계열사로서 2009년 말 기준으로 종업원 수 7,430명, 총자산 23조 원, 취급액 62.2조 원, 그리고 경상이익 8,272억 원에 달하는 거대 여신전문회사로 성장하였다. 1993년에 설립된 현대캐피탈은 중고차대출을 시작으로 현대자동차가 보유하고 있는 넓은 영업 채널을 활용해 1997년 자동차 할부영업으로 사업을 확대하였다. 2001년에는 국내 리스(lease) 시장으로 발을 넓혀 자동차 리스를 개시하였다. 한편 같은 해 10월 현대자동차그룹은 다이너스클럽코리아(Diners Club Korea)를 인수해 '현대카드'로 회사 명칭을 바꾸며 카드사업으로 사업영역을 넓혔다.

카드산업에 진출한 지 얼마 되지 않았을 때, 현대카드는 우리나라에 불어 닥친 신용대란으로 인해 엄청난 적자에 빠지고 말았다. 그러나 정태영 사장이 2003년 새로운 CEO로 취임하면서 2003년과 2004년에 각각 출시한 현대카드 M과 현대카드 S의 성공으로 단숨에 '한국에서 가장 존경받는 기업' 신용카드 부문 1위의 영예를 안았다. 그리고 현대캐피탈은 전략적 우위가 있는 자동차 부문에 우선적으로 투자하며 KlassAuto와 AutoPlan을 출

〈그림 Ⅰ-2〉 현대자동차그룹과 소속 계열사

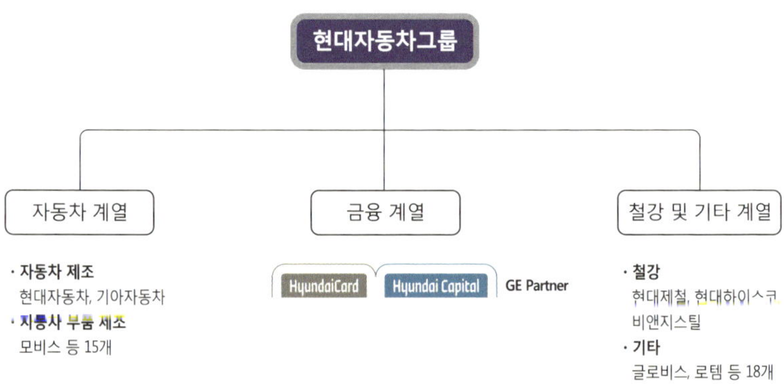

〈그림 I-3〉 현대카드·현대캐피탈의 연혁

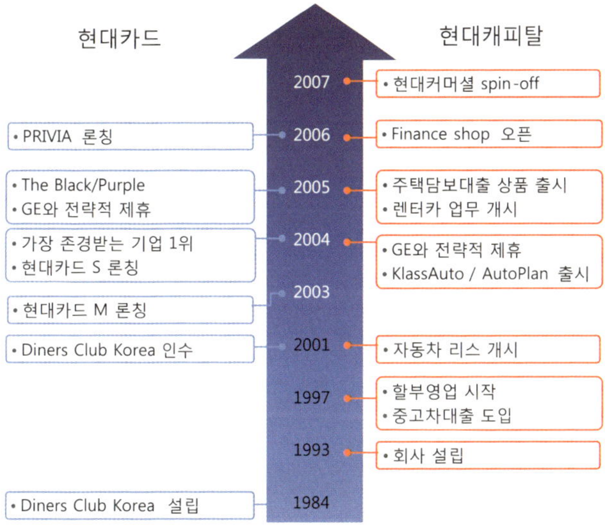

시하였다. 이 무렵 현대카드·현대캐피탈은 세계적인 초우량기업인 GE 소비자금융 부문과 전략적 파트너십을 통해 사업기회를 확대하기에 이른다.[2)]

비은행계열의 글로벌 여신전문회사를 지향하는 현대카드·현대캐피탈에게 GE 소비자금융과의 전략적 파트너십은 중요한 의미가 있었다. 먼저, 글로벌 초우량 기업인 GE와의 제휴로 안정적인 국제신용등급을 획득할 수 있었고 GE의 앞선 금융 노하우를 습득하는 기회가 되었다. 그리고 GE의 실무 인력 투입과 GE 크로톤빌(Crotonville) 연수원과의 교류 프로그램을 통해 선진 경영기법을 도입하는 한편, GE와 전략적 파트너십을 강화함으로써 금융사업의 해외시장 진출을 모색하는 계기가 마련되었다. 반면에 GE와의 제휴로 의사결정이 일부 지연되는 문제점도 발생하였다.

GE 소비자금융과 전략적 제휴를 시작한 2005년을 전후로 현대카드·현대캐피탈의 상품과 서비스 포트폴리오는 더욱 정교해지고 과감해졌다. 현대캐피탈은 오토리스, 개인신용대출, 주택담보대출(mortgage) 부문에 연달

2) GE 소비자금융은 현대카드에 약 7,000억 원, 현대캐피탈에 약 1조 1,300억 원을 투자하여 각 사의 지분을 43% 소유하게 되었다.

〈그림 Ⅰ-4〉 현대카드·현대캐피탈의 사업영역

아 진출하며 성장사업군으로의 적기 진입에 성공했다. 현대카드는 고객의 라이프스타일에 따른 차별적 브랜드를 확장하여 브랜드 간 충돌은 피하고 개별 브랜드와 제공되는 서비스의 시너지 효과를 극대화하는 방안을 모색했다.

특히 2005년에 출시된 슈퍼 프리미엄 카드인 The Black은 연회비 100만원에 한정 회원제로 9,999명에게만 발급하였다. 출시 전 업계의 전문가들이 실패를 점쳤음에도 불구하고 카드 출시에 성공한 The Black은 서비스에 있어서 현대카드가 가지는 최상의 브랜드 아이덴티티(brand identity)를 고객들에게 전달하고 있다. The Black 고객의 1인당 평균 소비액은 업계 평균의 17배에 달하고 있다. 또한 현대카드는 회원만을 위한 독보적 라이프스타일 서비스(unique lifestyle service)인 PRIVIA를 출범시켰다. 여행, 쇼핑, 교육, 레저에서 문화생활에 이르기까지 현대카드의 선도적이고 세련된 이미지가 묻어나는 다양한 서비스를 제공하여 현대카드의 차별화 요소로 적극 활용한 것이다. 뿐만 아니라 현대카드는 유명 연예인의 콘서트와 스포츠 스타의 경기를 주최하는 슈퍼시리즈(super series)를 통해 차별화된 스포츠·문화 마케팅을 실시하여 브랜드 인지도 상승에 기여했다. 이런 노력에 힘입어 현대카드는 2005년과 2006년 2년 연속으로 국가고객만족도(NCSI) 1위를 차지했으며, 글로벌 경영컨설팅회사인 베인 앤 컴퍼니(Bain & Company)가 2006년 실시한 고객조사에서 '고객이 가장 추천하고 싶은 신용카드' 1위에 선정되었다.

현대캐피탈은 자산 규모가 16조 원이 넘는 할부금융업계 1위이며 자동차금융뿐만 아니라 소비자금융, 주택금융 등으로 사업영역을 다각적으로 확상해나가고 있다. 세계적 신용평가기관인 무디스, 스탠더드앤드푸어스(S&P)로부터 투자적격등급을 받으며 미국, 일본 등 글로벌 시장에서 해외 채권 발행에 성공하여 대한민국 금융의 새로운 지평을 열어 나가고 있다. 글로벌화를 지향하는 현대캐피탈은 이미 미국 시장에 진출하였으며 중국, 유럽, 인도 등 현대·기아차가 진출해 있는 주요 글로벌 시장에 동반 진출을 계획하고 있다.

2 현대카드·현대캐피탈의 경영비전과 경영원칙

현대카드·현대캐피탈은 'Great Company'의 비진을 바탕으로 국내 최고를 넘어서 글로벌 여신전문회사로 거듭나기 위해 노력해오고 있다. 'Beat the Banks!(은행권을 넘어서자!)'라는 목표를 달성하기 위해 정태영 사장은 먼저 내부에 눈을 돌려야 한다고 거듭 강조한다. 즉 급변하는 경영환경 속에서 세계적인 경쟁력을 갖춘 여신전문회사로 발돋움하기 위해서는 조직문화와 인사시스템을 개혁하고 지속적으로 개선해나가는 것이 필요하다는 것이다. 이를 통해 인적자원의 경쟁력을 확보하고 다양한 인재들이 모여 역량을 충분히 발휘할 수 있는 조직문화와 업무환경을 구축하기 위해 힘을 쏟고 있다. 이에 따라 현대카드·현대캐피탈은 〈그림 I-5〉와 같은 4대

〈그림 Ⅰ-5〉 현대카드·현대캐피탈의 4대 경영방침

- **Never-Ending Changes**
  변화의 핵심은 'Never Ending'이다.
- **Strategy Focused**
  전략이 곧 'Vision'이다.
- **Speed**
  'Speed'는 승자와 패자를 가르는 유일한 변수다.
- **Innovation**
  'Innovation'은 우리의 유일한 존재와 성공의 이유다.

경영방침을 기반으로 조직문화와 인재경영체계 그리고 경영전략이 높은 수준에서 적합성을 이룰 수 있도록 제도를 정비하고 지속적으로 보완해오고 있다.

현대카드·현대캐피탈은 고객에게 차별화된 가치를 주는 서비스를 제공하고 있지만, 이러한 서비스는 경쟁사에 의해 쉽게 모방되기 마련이다. 따라서 현대카드·현대캐피탈이 경쟁사보다 앞서가기 위해서는 새롭고 혁신적인 서비스를 끊임없이 발굴하고 신속히 제공해야만 한다. 이러한 상황 속에서 4대 경영방침은 현대카드·현대캐피탈이 가야 할 길을 명확히 정의하고 있다. 서비스에는 완성이란 없고 경쟁기업의 추격은 계속되기 때문에 '멈추지 않는 변화(never-ending changes)'가 필요하며, 경쟁사를 앞설 수 있는 전략의 효과적인 실행만이 회사의 미래를 보장해주기 때문에 '전략이 곧 비전이 되는 것이다(strategy focused)'. 경쟁상대는 업계의 역량 있는 최상위 기업이므로 새로운 전략의 개발과 실행은 빠른 '스피드(speed)'로 이루어져야 하며, 이 과정에서 '혁신(innovation)'이 원활히 이루어져야 현대카드·현대캐피탈이 존재하고 성공할 수 있다. 현대카드·현대캐피탈에게 혁신이란 기존의 틀을 깨는 사고와 타성에 젖지 않는 자세이자 끊임없이 새로운 전략, 제도, 업무수행방식 등을 만들어가는 것을 말한다.

짐 콜린스(Jim Collins)는 자신의 책 『좋은 기업을 넘어 위대한 기업으로

(Good to Great)』에서 "좋은 것은 위대한 것의 적"이라는 말로 혁신의 필요성을 역설한 바 있다. 현대카드·현대캐피탈만큼 그런 혁신에 대한 의지를 실행 가능한 행동계획(action plan)으로 옮겨 조직 전체에 전파되도록 심혈을 기울이는 기업도 드물 것이다. 현대카드·현대캐피탈은 끊임없는 변화와 혁신을 위해 현재의 성공에 만족하지 않고 위대한 수준을 지향하고 있다. 이를 위해 사원들과 전략을 공유하고 토론을 벌이는 장인 리더십 포럼(leadership forum)과 영 포럼(young forum)이 개최되는데, 이들 포럼에서는 공유된 비전을 바탕으로 새로운 전략방향에 대한 토의가 이루어지고 혁신방안이 논의된다. 임원회의에 해당하는 포커스 미팅(focus meeting)에서는 실행(execution)에 초점이 맞춰진 난상토론이 일상화되어 있으며, 결정된 사항에 대해서는 전 임직원이 무서울 정도의 추진력으로 집행한다. 회의실에는 사장석을 비롯하여 상석이 따로 정해져 있지 않고, 기존의 틀을 벗어나는 새로운 아이디어와 격의 없는 토론이 중시된다. 효율성과 성과를 지향하고, 권위나 형식은 철저히 배제하며, 임직원의 자유로운 사고를 보장하겠다는 것이다.

이처럼 현대카드·현대캐피탈은 창조적이고 자유로운 조직문화를 강조하면서도 엄격한 규율이 살아 있는 윤리경영을 강조하고 있다. 이를 위해 현대카드·현대캐피탈은 '무관용 원칙(zero tolerance policy)' 아래 기업윤리 강령을 세우고 성희롱, 거래처로부터 접대, 그리고 고객정보 유출을 엄격히 금지하고 있다. 이에 따라 높은 윤리의식을 인재경영의 기본원칙으로 삼고 채용에서부터 성과관리, 평가, 보상, 교육훈련과 경력개발에 이르는 인사관리의 전 영역에서 '현대카드·현대캐피탈스러운' 인재를 육성하기 위한 제도를 도입해오고 있다.

우선 다양한 경험을 가진 경력직 사원을 채용하여 조직의 역량 제고를 추진해왔다. 연공서열에 입각한 획일적 보상을 타파하고 조직과 개인의 성과 및 업적이 연동되는 비율을 상향 조정하여 조직과 개인 간의 전략적 일체감을 고취시키고, 성과지향 인사로 방향을 전환하였다. 자기개발에 대한 기회를 최대한 보장하는 것을 임직원에 대한 진정한 복지라고 여기고

HyFA(Hyundai Finance Academy) 교육제도를 보완하여 교육과정의 질과 선택의 폭을 크게 넓혔으며, 고성과자를 육성하고 우수한 인력을 유지하기 위한 다양한 자기개발 및 직무역량 향상 프로그램을 제공하고 있다. 아울러 시장원리에 입각하여 자유로운 직무선택의 기회를 제공하도록 마련된 사내 인력시장인 커리어마켓(career market)은 직원이 자신의 경력을 주도적으로 디자인할 수 있다는 점에서 대내외적으로 긍정적인 평가를 받아오고 있다. 또한 개인과 조직의 인적 경쟁력(personal marketability) 향상을 위해 성과관리와 공정성이 강화된 육성형 신평가제도를 도입하여, 커리어마켓과 함께 현업주도 인사관리의 제도적 기반을 닦았다. 다음에서는 이들 제도에 대해 자세히 설명한다.

제 II 장

인사제도혁신 로드맵과 전략

1 인사제도혁신 로드맵

현대카드 · 현대캐피탈의 인사제도 변천 과정을 보면, 경영합리화를 위한 초기의 노력에서부터 회사의 성장전략에 부합하는 인사시스템에 이르기까지 인사관리 기능이 전략적 파트너의 역할을 해온 것을 알 수 있다. 2003년 도입된 신인사제도는 현대카드 · 현대캐피탈의 인사관리에 있어 과거와 결별하는 커다란 지각변동을 의미했다. 즉 환경변화에 유연하게 대처하지 못하고, 인건비의 효율적 관리에 한계를 드러내며, 전략과 연계성이 취약한 기존의 '연공 중심의 인사시스템'을 성과와 능력에 초점이 맞춰진 인사시스템으로 개혁하는 변화였다. 이에 따라 성과지향(performance-driven), 전문화(specialization)와 내부고객만족(employee satisfaction)을 인사관리의 주요 원칙으로 삼고 직무를 재구축하여 인적자원의 전문화를 촉진시켰다. 또한 개인별 목표관리제도(MBO)를 도입하고 성과에 따른 임금차별화를

〈그림 Ⅱ-1〉 신인사제도의 기본방향

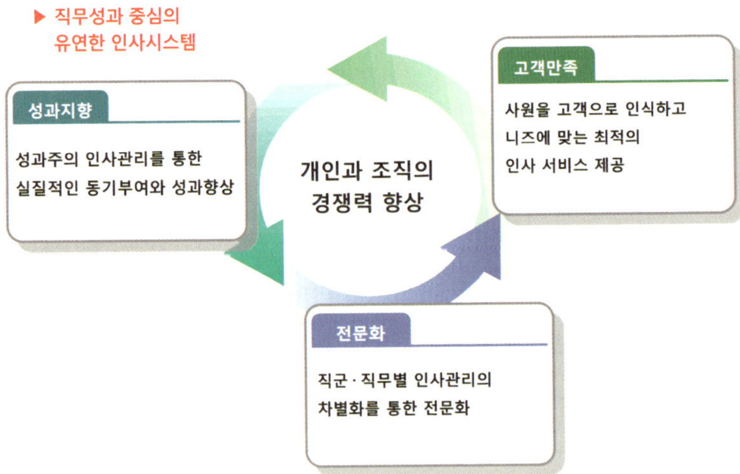

강조하는 연봉제를 시행하여 실효성 있는 동기부여를 통해 성과를 이끌어 내고자 했다.

2003년 신인사제도가 도입되기 전까지 현대카드·현대캐피탈의 인력관리에 있어 기조를 이루던 연공서열 중심의 획일적 인사체계는 직무관리와 평가제도, 보상체계에서 많은 문제점을 안고 있었다. 우선 직무분류체계가 미흡한 탓에 체계적인 직무관리에 따른 개인별 경력개발계획을 수립하는 것이 어려웠다. 그리고 표준 직무 프로파일이 수립되어 있지 않아 각 직무의 역할과 책임이 명확하게 정의되지 못하였다. 이런 이유로 직무가치(job value)에 기초하지 않은 연공 위주의 직급체계와 승진제도의 운영이 불가피했다. 또한 직무분류체계가 명확히 수립되지 않아 단순한 행정 업무를 주로 담당하는 사무지원인력과 전문직·일반직 직무 수행자에게 동일한 인사체계가 적용되었다. 직무성과 중심의 유연한 인사시스템을 구축하기 위해서는 직무분류체계를 확립하는 것이 급선무였다. 이에 따라 가치사슬분석(value chain analysis)을 이용해 직무분류체계를 수립하고, 직무조사를 통해 수집된 정보를 바탕으로 직무 프로파일을 작성하여 효과적인 직무관리가 이루어지도록 했다. 그런 다음 직무의 상대적 가치에 따라 직무등급체계를 도출하여 임금제도 개선의 근거를 마련했다. 또한 직무가치가 명확하게 구분되는 사무지원 직무를 직군화하여 별도로 관리하고, 나머지 직무를 일반직군으로 분류해 그에 적합한 인사제도를 적용함으로써 인재 유형에 따른 인적자원관리가 가능하도록 했다.

평가제도에서도 신인사제도 도입 이전과 이후의 모습은 현저히 구분된다. 신인사제도는 평가내용과 평가절차 면에서 많은 개선을 가져왔는데, 도입 이전에는 직무에 기초한 개인의 역할과 책임이 분명하게 명문화되지 못했기 때문에 능력과 근무태도 위주의 주관적 요소가 짙은 종합평가가 실시되었다. 업적평가가 이루어지지 않아 개인의 직무역량 개발과 업적 향상에 대한 유인이 부족했으며, 성과에 따른 직접적인 보상차별화가 이루어지지 않아 개인보상과 조직성과의 연계성도 취약했다. 또한 직무 특성을 반영하지 않은 획일적인 역량평가요소를 적용하여 직무역량 개발에 한계가 있었을 뿐만 아니라, 평가절차가 명확히 제도화되어 있지 않아 평가의 신뢰성과 평가결과에 대한 피평가자의 수용성이 낮은 수준이었다.

이런 문제점을 개선하고자 신인사제도에서는 개인별 목표관리제도(MBO)를 도입하여 업적평가와 역량평가를 모두 실시하였다. 공통역량과 관리역량 외에 각 직렬별로 세분화된 직무역량을 도출하여 보직자의 경우 공통역량과 관리역량을 평가하고, 비보직자의 경우 공통역량평가와 직무역량평가를 실시하였다. 또한 평가절차를 확립하여 목표설정, 과정관리, 평가면담에 이르는 전 과정에 피평가자의 참여를 제도화하는 한편, 평가결과를 공개함으로써 평가제도에 대한 신뢰성과 평가결과에 대한 수용성을 제고시켰다. 직무분류체계의 수립과 개인별 목표관리제도의 도입은 기본급과 변동성과급의 차등 지급을 가능하게 하여 연공에 기초한 호봉제에서 직무성과 중심의 연봉제로의 전환을 가져왔으며, 다양한 역량평가결과를 개인의 역량개발과 교육훈련에 활용하였다.

기존의 보상체계는 기본급과 상여금 그리고 각종 수당이 연공에 기초한 호봉제에 의해 결정되어 경직되고 비합리적인 모습을 띠고 있었다. 한시적으로 재량에 따라 주어지는 인센티브 제도를 제외하고는 보상차별화 시스템이 구축되어 있지 않아 개인의 성과 창출에 충분한 동기를 제공해주지 못했다. 이에 따라 동종 업계에서 상대적으로 열위에 있는 총급여를 중간 수준으로 상향 조정하고, 기존의 정기특별상여와 회사의 추가재원 확보를 통해 시장 목표수준과의 차액 부분을 변동성과급으로 설정하여 시장경쟁력을 갖춘 급여제도로 탈바꿈시켰다. 변동성과급은 조직성과와 개인의 업적평가를 적절히 반영하여 성과·능력·기여도 중심의 조직문화 형성에 기여하는 한편, 자발적인 자기개발과 성과창출 노력이 수반되도록 설계하였다. 또한 브로드밴드(broadband)형 기본급 체계를 설계해 직급 간 급여의 중복(overlap) 비율과 임금밴드 폭(range spread)을 확대하고 업적과 역량평가에 따라 기본급 인상률에 차등을 두었다. 이로써 고성과자의 경우 상위 직급과 급여 수준이 역전되는 현상도 가능하도록 하여 성과주의 인사관리의 기틀을 마련했다.

성과지향·전문화·내부고객만족을 인사관리 방향으로 설정하고 직무성과 중심의 인사시스템을 도입하고 정착시켜나갈 즈음, 현대카드·현대캐피탈은 대규모 증자와 사업구조조정 그리고 저신용 고객 정제(cleansing)와 같은 활동을 통해 전사적인 경영합리화에 나섰다. 동시에 대내적으로는 철저한 위험관리를 위한 인프라를 구축하고, 대외적으로는 세련된 기업이미지를 바탕으로 독특한 브랜드와 차별화된 상품·서비스 포트폴리오를 강화하였다. 이처럼 대외적으로는 세련된 이미지를 비치면서도 내부적으로는 과학적이고 체계적인 전략과 정책을 집행하는 것을 현대카드·현대캐피탈에서는 'Science in a Tiffany Box'라고 부르는데, 이는 향후 모든 사업전략의 핵심적 원칙으로 자리 잡게 된다. 또한 비슷한 시기에 체결된 GE와의 전략적 파트너십은 비은행 여신전문회사인 현대카드·현대캐피탈이 가지고 있는 상대적인 약점을 보완하고, GE와 인력교류를 확대해 다양한 선진 경영기법을 도입하는 계기가 되었다. 이를 바탕으로 현대카드·현대캐피탈은 영업 채널을 확대하고 교차판매(cross-selling)를 강화하는 등 효과적인 손익관리를 통해 회사가치를 정립해나갔다.

2006년 현대카드·현대캐피탈은 사원육성 강화를 위한 신평가제도를 도

〈그림 Ⅱ-2〉 인사 부문의 변화방향

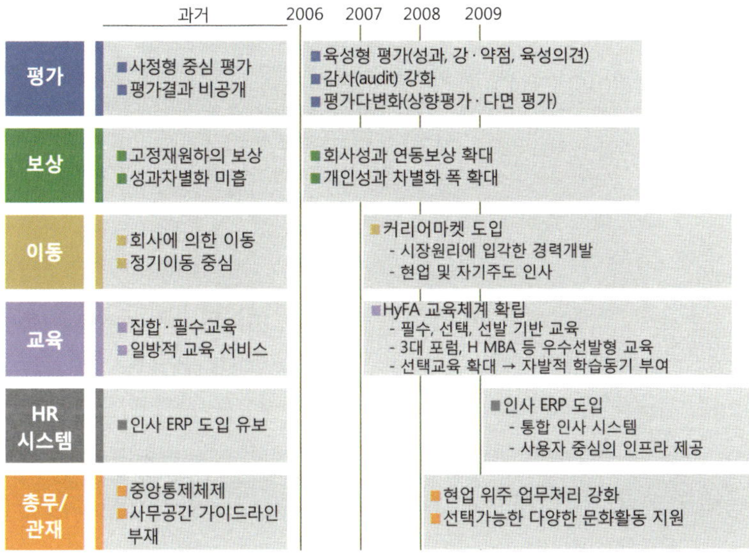

입했다. 기존의 인사시스템이 가지고 있던 제도적 허점을 보완함과 동시에 기존 사업 역량을 극대화시키고 신규 사업을 추진하기 위한 인력육성이 요구되었기 때문이다. 2003년에 시행된 신인사제도는 개인평가등급에 따라 적절한 보상을 연계시키는 것에 초점이 맞춰진 일종의 '사정형(査定型)' 평가제도였다. 당시 위기상황에 놓여 있던 현대카드·현대캐피탈이 경영합리화의 일환으로 실시한 인사제도개혁이 '효과'보다는 '효율'에 치중해 있었던 것은 어찌 보면 자연스러운 일이다. 구조조정기를 벗어나 새로운 전략적 방향을 모색하고, 이를 기반으로 회사가치를 정립해나가는 시기까지는 평가와 보상의 연계가 주축이 되는 사정형 인사시스템이 실효성을 거둘 수 있었다. 하지만 기존 사업의 성과를 향상시키고 신규 사업을 발굴함으로써 회사가치의 확장을 도모하고 성장전략을 구사해야 하는 단계에서는 인사관리기능이 조직목표 달성에 기여하는 전략적 파트너로서의 역할을 적절히 수행할 수 없었다. 그뿐만 아니라 신인사제도는 성과관리의 근간이라고 할 수 있는 평가제도의 공정성과 투명성이 다소 미흡하여 제도 보완의 필요성이 대두되기 시작했다.

개인과 조직의 인적 경쟁력(personal marketability) 향상을 통한 핵심조직역량의 확보가 불확실한 경영환경 속에서 지속 가능한 경쟁우위를 갖추는 가장 이상적인 방법이라는 변화의 방향을 설정하고 육성형 신평가제도를 도입했다. 이는 개인평가등급에 따라 보상을 결정하는 '현재'에 초점이 맞춰진 사정형 평가에서 사원의 역량개발을 위한 미래지향적인 육성형 평가로의 전환이었다. 구체적으로 살펴보면, 부서 단위로 목표수립세션과 업적공유세션을 제도화하여 조직학습을 유도하는 한편, 개인과 조직의 성과공유를 통해 평가의 절차적 투명성을 높였다. 평가상 오류와 절차준수 여부를 평가주관부서에서 확인하는 감사(audit) 기능을 강화하고, 평가자 교육을 시행하여 평가자의 평가책임을 확대하였다. 또한 종합평가에서는 조직과 직무의 특성을 고려하여 업적평가와 역량평가 등급의 반영 비율을 조정하고, 조직평가결과가 개인의 업적평가에 연계되도록 하여 평가의 공정성을 향상시켰을 뿐만 아니라 조직과 개인의 전략적 일체감을 형성하는 데 기여하였다.

육성형 신평가제도는 개인정보관리 강화를 또 하나의 중요한 목표로 삼았다. 기존의 개인별 목표관리제도(MBO)의 평가요소에 덧붙여 개인의 강점과 약점, 경력개발계획(CDP)에 의거한 향후 육성방향을 아우르는 기술식 평가가 시행되었다. 그리고 새로운 평가제도에 맞는 전산시스템이 구축되어 평가절차와 사원정보의 체계적인 관리가 이루어지도록 했다. 이에 따라 신평가제도하에서 사원들에 대한 평가자의 육성 책임이 강화되고, 피평가자는 본인의 경력개발 책임이 확대되었다.

2006년 신평가제도의 도입을 기점으로 사원참여와 육성 그리고 평가공정성이 향상된 수준 높은 성과관리체계를 확립할 수 있었으며, 아울러 이를 뒷받침하기 위한 많은 보완장치가 마련되었다. 우선, 조직의 성과와 개인의 업적에 따른 차별적 보상이 더욱 확대되었다. 특히 커리어마켓(career market)은 희망직무 선택을 통한 개인의 경력개발과 조직의 인력선발에 대한 욕구를 시장원리에 입각해 충족시키고자 하는 혁신적인 인사정책으로 직무성과 중심의 인사체계에 선순환을 가져왔다. 주도적인 경력개발 책임이 개인에게 주어짐에 따라 HyFA(Hyundai Finance Academy) 인재육성 프로그램을 보강하여 다양한 교육서비스를 제공해오고 있다. 또한 다양한 선발교육 프로그램을 개설하고 GE 크로톤빌(Crotonville) 연수원과의 협력체계를 구축하여 교육과정을 다원화시켰다. 이로써 현대카드·현대캐피탈의 인사체계는 궁극적으로 고성과자에 대한 적극적인 투자와 보상 그리고 체계적인 인재개발을 통해 높은 수준의 조직역량을 확보할 수 있게 되었다. 그리고 임직원의 참여를 유도하는 테마별 활동과 조직별 특성을 고려한 문화구축활동을 다각도로 실시하여 새로운 문화가치의 전사적 공유를 도모하고, 현대카드·현대캐피탈의 대외적인 이미지에 상응하는 창의적이고 선도적인 조직문화를 구축하기 위한 제도를 시행하였다.

2 주요 추진전략과 실행과제

2006년 개인과 조직의 인적 경쟁력 향상을 기본방향으로 육성형 신평가제도가 도입된 이래 현대카드·현대캐피탈의 인사시스템은 진화를 거듭해왔다. 공정한 평가, 피평가자에 대한 다양한 정보의 획득, 그리고 평가를 통한 인력개발을 인사관리의 골자로 하여 민지 성과연동형 보너스제도를 강화하였다. 급여체계를 개선하여 성과에 따라 개인에 대한 보상의 차별화를 확대하고, 급여에서 시장경쟁력을 획득하여 우수사원을 유지하려는 취지에서였다. 그 후 시장경제원리를 차용한 커리어마켓, HyFA 교육체계와 같은 경력개발제도를 도입해 사원들의 시장성(marketability)을 강화하고 자발적인 경력개발을 유도하였다.

2008년에는 역량개발을 더욱 촉진하기 위해 현대카드·현대캐피탈이 시행하고 있는 독특한 인사제도를 강화하는 것을 인사관리의 핵심추진과제로 삼고 세부 실행과제를 도출했다. 커리어마켓을 보완하고 HyFA 교육과정과 복리후생제도를 개선하여 인재육성과 관리 기능을 향상시켰다. 운영효율성을 높이기 위해 인사 ERP를 구축하고 동일 지역 내로 거점통합을 실시하는 한편, 비정규직 관리체계를 상세하게 정립하였다. 아울러 해외사업을 지원하기 위한 글로벌 인사제도를 수립하는 한편, 글로벌 역량을 갖춘 인재의 확보와 유지에 주력하고, 해외주재원 파견제도의 운영기준을 개선하였다. 아래에서는 이에 대해 자세히 설명하겠다.

1) 인재 육성과 관리의 강화

우선 2008년 과제별 추진방향에 따라 커리어마켓을 강화 운영했다. 현대카드·현대캐피탈 사원들을 대상으로 하던 커리어마켓을 현대커머셜로 확대함과 동시에 부서장급에게까지 희망직무 선택의 기회를 넓혔다. 그리고 업무 특성상 인력유출이 심화되는 부서에 대해서는 인력유지방안을 수립하였다. 부서 간 근무환경의 균형을 이루기 위한 방안도 적극 검토되었는데, 문화행사와 사택 지원 확대 등 비금전적 보상과 영업활동비 추가 지원과 같은 고정급여 외의 금전적 보상을 실시하였다. 그리고 필요한 경우 업무지원인력을 배정하여 인력을 탄력적으로 운영하도록 했다.

HyFA 교육제도를 보완하여 인적자원개발(HRD)을 체계화하고, 조직목표 달성에 직접적으로 기여하는 인력육성이 가능하도록 했다. 그리고 우수사원을 대상으로 한 선발교육과정인 리더십 포럼(leadership forum)과 영포럼(young forum)에 전사 전략방향, 경영 이슈와의 연계를 강화시켰다. 필수교육 내용에 있어서도 핵심직무별 표준기본과정을 설계해 신입 및 경력직 사원의 입문교육에 활용하였고, 직급별 승진자 교육을 운영해 리더십과 관리역량 함양에 힘썼다. 또한 커리어마켓을 보완하는 부문별 선택직무교육을 개설하고 교육과정 모니터링을 강화하여 프로그램의 다양성을 확대하고 질적 개선을 도모하였다.

2) 운영효율성 강화

직무성과 중심의 육성형 인사체계의 운영효율성을 높이기 위해 운영절차를 전면적으로 검토하고 이를 바탕으로 인사 ERP 시스템을 구축하였다. 이때 단순 전산관리시스템의 기능 향상에 머무르지 않고, 많은 성공사례를 참고하여 HR 운영 프로세스의 총체적인 개선을 도모했다. 인사 ERP 시스템에 인사 포털(portal)을 구축하여 평가와 보상에서 교육과 복리후생에 이르는 모든 인사 관련 정보를 체계적으로 통합 관리할 수 있도록 했으며, 조직별로 자율적인 인력관리를 지원하기 위해 개인의 종합정보가 제공되었다. 아울러, 향후 글로벌 통합 인사체계 구축에 대비해 확장성이 감안된 HR 시스템의 기반을 마련했다.

이와 더불어 비정규직 직무체계를 상세히 정립함과 동시에 파견직 근무자에 대한 생산성 관리체계를 개선하는 한편, 거점 분산지역을 대상으로 사업 환경변화를 고려해, 동일건물 혹은 동일지역으로 거점통합을 실시하여 인사관리의 효율성을 높였다. 또한 거점을 대상으로 고정자산 관리 시스템을 개발하고, 고정자산 관리규정과 지침을 제작·배포하여 시스템 활용을 통해 업무효율을 증대시켰다.

3) 해외사업지원 강화

현대카드·현대캐피탈의 회사가치 확장에 따른 해외사업의 역량 강화와 신규 사업 진출에 대한 요구는 글로벌 인사체계를 구축하고 글로벌 인재를 확보·유지하려는 노력을 필요로 했다. 이런 필요에 발맞추어 본사의 인사체계를 기반으로 국가별 인사제도의 설계를 지원하였다. 직급체계는 해외법인의 현지 상황에 적합하게 구축하되 본사의 직급구조와 적절히 연계되도록 하였다. 조직과 개인의 성과가 연동된 보상체계를 주축으로 육성형 평가제도를 도입하고, 커리어마켓을 해외사업장까지 확대 적용하였다. 또한 부문별 중·장기 해외사업과 관련한 인력계획과 주재원 선발기준을 수립하였다. 이를 바탕으로 사내 우수인력을 중심으로 글로벌 인재 후보자군(pool)을 사전에 확보하여, 해외 교육과정과 장기 어학 합숙 프로그램에 우선적으로 입소시켜 글로벌 인재의 상시 육성에 들어갔다. 뿐만 아니라 해외주재원 파견제도의 운영기준을 개선하여 현지에서 근무 중인 글로벌 인재의 유지에도 힘썼다. 이를 위해 금융사와 동종 업계의 주요 경쟁사의 운영기준을 벤치마킹하는 한편, 환율과 현지 물가수준을 고려하여 합리적인 해외주재원 운영기준을 마련했다.

3 인사제도혁신의 성과

연공서열이 근거가 되는 호봉제에서 성과 중심의 연봉제로의 전환, 그리고 육성형 평가제도를 시작으로 도입된 혁신적인 인사정책들은 직무성과주의의 정착에 큰 역할을 하였다. 이 과정에서 인사부서는 최고경영진의 전략적 파트너로서 핵심 경영 이슈와 전략에 대응하며 지속적으로 인사제도의 방향성을 수립해 현대카드·현대캐피탈의 특성에 부합하는 고유의 인사체계로 정착시켜나가고 있다. 성과지향과 전문화를 통해 조직목표 달성에 기여하는 유연한 인사시스템을 구축하는 한편, 사원들을 고객으로 인식하고 그들의 의견을 반영하여 제도를 개선해나감으로써 직원만족도를 높이기 위해 노력하고 있다. 이를 위해 6개월마다 전 사원을 대상으로 직원만족도 조사(Employee Satisfaction Index; ESI)를 시행하고 있으며, 조사결과는 HR지원실의 주요 성과지표로 활용되고 있다. 또한 팀장·거점장 이상의 보직자 중에서 선발된 우수인력이 참여하는 리더십 포럼에서 조사결과를 발표해 형식적인 '조사를 위한 조사'에서 벗어나 실질적인 제도 개선과 보완을 강구해오고 있다.

〈그림 Ⅱ-3〉은 2005년부터 2009년까지 직원만족도조사(ESI) 전체 평균 점수(5점 척도) 대비 인적자원관리 부문의 개선 추이를 반기별로 나타내고

〈그림 Ⅱ-3〉 반기별 직원만족도 평균 대비 인적자원관리 부문의 개선 추이

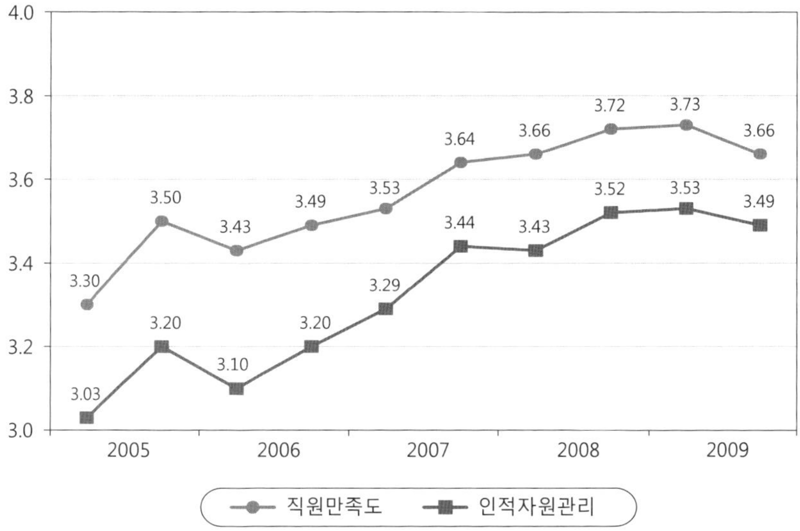

있다. 이에 따르면 전체 직원만족도의 향상 추이와 유사하게 인적자원관리 부문의 만족도가 개선된 것을 알 수 있다. 특히 2005년 하반기부터 주춤하던 직원만족도는 성과관리체계에 비약의 발전을 가져다준 육성형 신평가제도가 시행된 2006년을 기점으로 다시 급격하게 상승하기 시작했다. 그러나 2004년 신인사제도 도입을 기점으로 전반적인 개선 추이를 보임에도 불구하고, 인적자원관리 부문에 대한 만족도는 전체 직원만족도 반기별 평균에 못 미치는 것으로 나타났다.

〈그림 Ⅱ-3〉에 따르면, 2005년부터 대체로 꾸준히 개선되어온 직원만족도는 정점에 달했던 2009년 상반기까지 0.43포인트가 상승했다. 인적자원관리 부문도 유사한 추이를 나타내는데, 같은 기간 동안 0.5포인트 향상된 3.53을 기록하여 인사관리에 대해 만족감을 표출하는 사원 수가 지속적으로 증가했음을 알 수 있다. 지속적인 증가세는 매우 긍정적인 신호이지만, 직원만족도가 3.73을 정점으로 하락하고 인적자원관리에 대한 만족도의 최고치가 3.53 수준이라는 것은 앞으로도 개선의 여지가 많음을 보여준다.

〈그림 Ⅱ-4〉 2009년 HR 부문 평균 대비 개별 인사기능 만족도

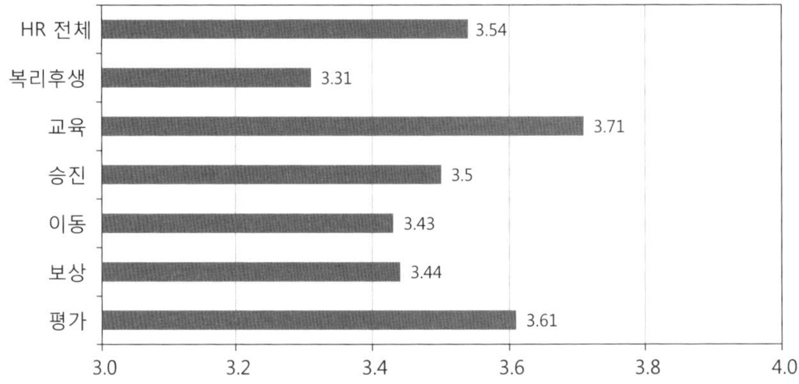

직원만족도가 조직문화나 인사제도의 효과성을 평가하는 최고의 지표는 아니지만 매우 중요한 지표라는 점을 고려할 때, 현대카드·현대캐피탈의 지속적인 노력이 필요하다고 보인다.

〈그림 Ⅱ-4〉와 같이 인적자원관리 부문에서 대체로 교육제도와 평가관리에 대한 만족도는 높은 반면, 특히 급여수준과 복리후생에 대한 만족도는 낮은 것으로 확인되었다. 2009년 시행된 직원만족도조사에서 인적자원관리 부문의 평균 만족도는 3.54로 나타났다. 그러나 복리후생과 보상은 각각 3.31과 3.44로 측정되어 설문에 응한 많은 응답자들이 이들 문항에 '보통'이라고 답한 것으로 나타났다. 이처럼 복리후생에 대한 만족도가 상대적으로 낮은 수준을 보이는 것은 회사 내 경력직 비율이 증가함에 따라 사원들이 전 직장이 제공하던 일부 매력적인 제도를 바탕으로 현 직장의 복리후생제도를 평가하는 경향에 기인한다고 현대카드·현대캐피탈은 분석하고 있다. 보상에 대한 만족도가 낮은 이유는 경력직 사원이 우수한 이력을 가지고 입사하는 경우 기존 사원에 비해 더 나은 대우를 받고 있다는 생각을 일부 사원이 하고 있다는 점에서도 찾을 수 있다.

아울러 사원·대리급과 과장·차장급 직원들을 대상으로 면담을 실시한 결과, 두 그룹 모두 제도가 수요자 입장에서 필요를 충족시키는 방향으로 더욱 개선되어야 한다는 데 의견을 같이했다. 사원·대리급의 경우 사원들

의 의견을 수렴하여 제도개선에 적극적으로 반영할 수 있는 의사소통채널이나 대의기구가 아직도 부족함을 지적하였고, 이에 따라 해당 부문에서 점진적인 제도개선이 이루어지지 않다고 느끼고 있었다. 과장·차장급 직원들은 회사가 다양한 복리후생제도를 제공함에도 불구하고 실질적인 수혜자 비율이 다소 낮은 것으로 인식하고 있었다. 이는 경력직 입사자의 증가와 함께 대부분의 복리후생제도가 근속 연수를 바탕으로 제공되기 때문인 것으로 보인다.

한편, 인사제도혁신 과정에서 급여의 시장경쟁력을 갖추기 위한 제도개선이 있었음에도 불구하고 여전히 이에 대한 직원만족도는 다른 인사제도의 만족도와 비교해 낮은 수준을 나타내고 있다. 일반적으로 사원은 급여 수준에 대해 '전략적'으로 불만족을 표출하는 경우가 많아 보상에 대한 만족도의 해석은 주의를 요한다. 그러한 점을 고려하더라도 보상에 대한 현대카드·현대캐피탈의 직원만족도는 저조한 수준이어서 문제점 파악과 대처가 필요하다. 급여에 대한 만족도가 다소 낮은 또 다른 이유는 그룹별 사원면담을 통해 들어볼 수 있었다. 실제로 면담에 참여한 사원들은 현대카드·현대캐피탈의 보상 수준이 동종 업계 내에서 어느 정도 경쟁력을 가지고 있는 것으로 인식하고 있었다. 하지만 'Beat the Banks!'의 비전과 '캐피탈 업계에 눈을 두지 않는다'는 정태영 사장의 지향점은 사원들이 급여 수준을 상대적으로 높은 보상이 이루어지고 있는 은행권 금융사들과 비교하는 계기가 된 것으로 나타났다. 현재 현대카드·현대캐피탈의 보상 수준은 은행권과 비교해도 밀리지 않는 수준(성과급 포함 시)이지만 이에 대한 사원들의 인식은 아직 이를 반영하지 못한 부분이 있는 것으로 보인다. 또한 인재유치전략의 일환으로 금융권에서 빈번히 일어나고 있는 1~3년 차 신입사원들 사이의 급여역선현상과 이직 시 다소 높은 연봉을 보장받는 경력직 사원들의 증가는 기존 인력이 상대적으로 불이익을 느끼게 되는 원인으로 지적되었다. 따라서 이러한 문제점에 대해 적절히 대처해야만 저조한 보상만족도를 높일 수 있을 것이다.

제 III 장

인사혁신체계와 추진활동

현대카드·현대캐피탈의 성공요인으로 단연 손꼽히는 것은 원칙이 살아 있는 혁신적인 기업문화와 인재를 중시하는 육성형 인사체계라고 할 수 있다. 최근 10여 년 동안 불확실한 경영환경과 세계화의 촉진에 따른 초경쟁(hyper-competition)에 대비해 많은 기업들이 브랜드와 조직문화 같은 무형 자산에 관심을 기울여왔다. 현대카드·현대캐피탈의 경우 2003년 이후 경영혁신에 대한 최고경영자의 강력한 의시와 리더십을 바당으로 조직의 변화를 성공적으로 이끌어냄과 동시에, 새로운 패러다임에 따라 경영시스템을 구축하고 사업전략을 수립해왔다.

현대카드·현대캐피탈의 경영진은 모든 것을 '문화로 풀어가는 것'이 중요함을 강조한다. 그만큼 조직 내에서 '소프트웨어'적인 부분이 차별화된 경영전략을 수립하고 신속하게 실행에 옮기는 데 기업문화가 핵심적인 동인(driver)이 된다는 것을 의미한다. 그러면 현대카드·현대캐피탈의 핵심역량의 근간이 되는 기업문화와 인사제도가 어떠한 체계로 되어 있는지 살펴보겠다.

1 기업문화체계

현대카드·현대캐피탈의 기업문화는 공통역량과 4대 경영방침을 근간으로 조직구성원의 행동 변화를 이끌어내 'Great Company'의 비전을 실현하는 것을 목적으로 하고 있다. 이를 위해 조직의 관행과 제도가 사원들의 공통역량과 높은 수준에서 적합성을 이루는 데 초점을 맞추고 조직에 공유된 기본 가정과 공통역량이 연계되도록 하였다(〈그림 Ⅲ-1〉 참조).

현대카드·현대캐피탈은 독특한 사업 모델을 바탕으로 은행을 뛰어넘는 글로벌 여신전문회사로 거듭나기 위한 비전을 설정하고 그에 걸맞은 기업문화를 형성해왔다. 이를 위한 첫째 요소로서 현대카드·현대캐피탈의 임직원이라면 누구나 갖추어야 할 4대 공통역량을 도출했다. 창의성·책임감·팀워크·윤리의식이라는 공통역량을 중심으로 핵심가치 기반의 행동 변화를 이끌어내고, 이를 강화할 수 있는 인사관리제도를 도입함과 동시에 전사적인 조직문화구축활동을 전개했다. 아울러 모든 경영활동의 원리가 되는 4대 경영방침(변화, 전략중심, 스피드, 혁신)을 강조하며 '현대카드·현대캐피탈스러운' 기업이미지를 대내외적으로 형성해나갔다.

〈그림 Ⅲ-1〉 기업문화체계

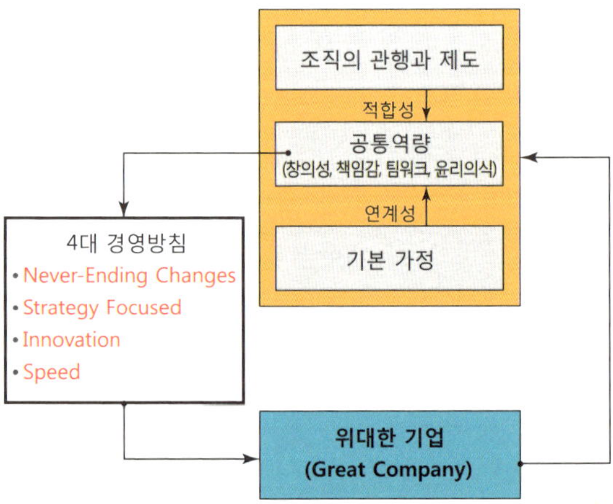

〈그림 Ⅲ-2〉 기업문화의 정체성 확립

이를 기초로 'Great Company'의 비전을 달성하기 위해 성과와 성장을 중시하는 GE, 품질관리와 끊임없는 경영개선으로 유명한 도요타, 다양성에 대한 수용도가 높은 노키아 등 초우량 글로벌 기업의 기업문화를 분석하고, '훌륭한 기업에 걸맞은 훌륭한 기업문화'를 구축하기 위한 방향을 확립하였다. 이에 따라 성과와 인재육성이 중시되는 인사체계를 도입하고, 메시지의 일관성과 계획의 실행이 거듭 강조되었다. 다양한 경력을 지닌 임직원을 채용하고 개방된 사고를 장려하여 창의성을 바탕으로 한 차별화된 전략 수립이 가능하도록 했다. 또 효율성을 지향하고 권위와 형식을 배제하는 가운데 철저한 기업윤리를 통해 자유로움과 질서 사이에 높은 수준의 균형을 이루게 하였다.

현대카드·현대캐피탈의 정체성을 논의할 때 디자인은 빼놓을 수 없는 부분이다. 현대카드·현대캐피탈은 디자인이 성쟁력이 될 수 있음을 인식하고, 카드업계의 고정관념에 정면으로 맞섰다. 세계화를 지향하는 새로운 기업이미지(corporate image)를 개발하고 'HyundaiCard'를 띄어 쓰지 않음으로써 '연대'라는 의미를 부여해 신용카드는 '믿을 수 있는 관계'라는 것을 표현했다. 영문 알파벳을 기본 콘셉트로 고객의 소비 특성을 고려한 차

〈그림 Ⅲ-3〉 새로운 기업이미지와 알파벳 마케팅

별화된 상품과 서비스를 제공함과 동시에 신용카드 앞면에 다양한 디자인을 입히고 크기를 3분의 2 수준으로 축소한 카드를 출시하는 등 소비자들의 이목을 집중시켰다. 과학적 정교함이 숨어 있는 상품 라인과 디자인이 강조된 신용카드 자체가 현대카드·현대캐피탈에게 새로운 경쟁우위를 가져다주었다. 이에 따라 혁신적인 브랜드 구축을 통해 창조적이고 세련된 기업이미지를 대외적으로 확고히 하여 '신용카드=현대카드'라는 기업정체성 확립에 주력했다.

이처럼 세련되고 감각적인 브랜드 구축을 통해 얻어진 혁신적인 기업이미지에 걸맞은 조직문화를 형성해야 할 필요성이 대두되었다. 기업경영에서 일관된 메시지를 전달하는 것을 무엇보다 중요시하는 현대카드·현대캐피탈은 대외적인 기업이미지에 상응하는 조직문화의 구축 없이는 창의와 혁신에 기반을 둔 지속 가능한 성장을 이루어내기 어렵다는 것을 깨닫게 된다. 이에 현대카드·현대캐피탈을 대표할 수 있는 '현대적인', '세련된',

〈그림 Ⅲ-4〉 기업문화의 키워드 도출

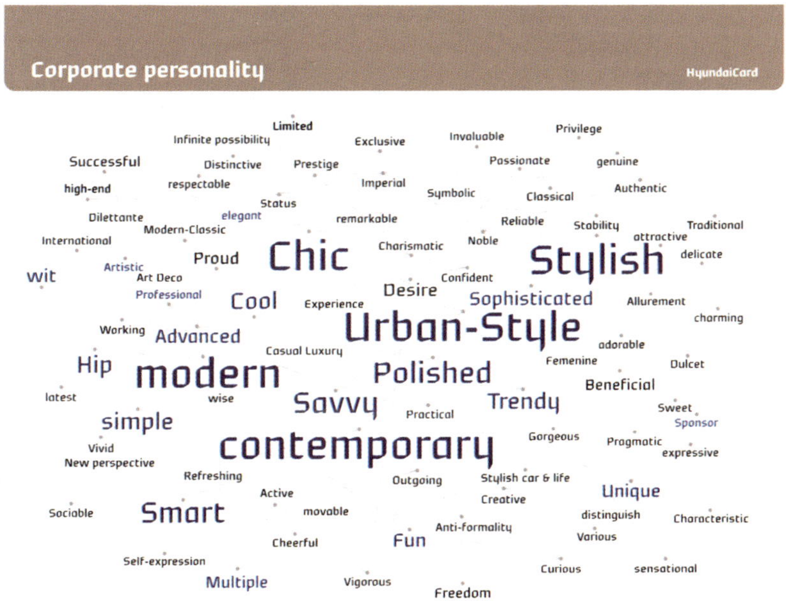

'자유로운', '독특한' 등과 같은 기업문화의 키워드를 도출하여 이를 바탕으로 조직문화 혁신의 발판을 마련하였다.

2007년부터 업무환경 개선을 중심으로 회사주도형 기업문화활동을 전개하였다. 그 후 조직활성화를 위해 커뮤니케이션 채널을 다각화하여 '일하기 좋은 회사(great workplace)'를 만들기 위해 노력하는 한편, 임원과 사원이 새로운 문화가치를 공유함으로써 사원들이 자부심을 갖는 조직문화를 형성하고 궁극적으로 'Great Company'의 비전 달성에 기여하도록 했다.

창조적이고 혁신적인 조직문화를 구축하고 글로벌 수준의 세련된 금융전문가를 육성하기 위해서는 하드웨어부터 그에 맞게 개선되어야 한다. 환경이 변해야 분위기가 변하고, 분위기가 변해야 조직구성원들이 창조력을 발휘하여 업무를 수행할 수 있을 것이라는 판단에서였다. 이에 따라 기존의 업무환경을 '현대카드·현대캐피탈스러운' 기업문화의 키워드가 반영된 업무공간으로 탈바꿈시켰다.

〈그림 Ⅲ-5〉 기업문화의 키워드가 반영된 업무환경 조성

〈그림 Ⅲ-6〉 일하기 좋은 회사를 위한 조직활성화 체계

모든 업무공간과 휴식공간에 기본적으로 신용카드의 직사각형 모양이 강조되도록 하여 카드사로서 정체성을 고취시키고, 다양한 콘셉트의 인테리어 디자인과 자유로운 색채를 적용하여 창조적이고 현대적인 기업이미지를 반영하였다. 본사 로비에는 유명 작가의 작품을 전시하고, 의자와 엘리베이터를 비롯하여 간단한 소품까지 독특함을 강조해 세련된 기업이미지를 강화하는 한편, 다양한 여가시설을 구비하여 즐겁고 자유로운 조직문화를 지향하고 있다. 또한 임원 사무실은 투명 또는 반투명 유리를 사용하여 열린 경영을 표방하고 임원과 사원 간의 물리적 거리감을 해소할 수 있도록 했다. 각종 사무집기는 현대카드·현대캐피탈의 CI가 적용되어 제작되고, 회의실과 사무실 책상 곳곳에는 4대 경영방침이 찍혀 있어 현대카드·현대캐피탈이 조직문화의 확산과 공유가치의 전파에 어느 정도까지 관심을 갖고 있는지 알 수 있다.

현대카드·현대캐피탈은 업무공간 개선과 같은 하드웨어적인 측면에서의 조직문화구축활동뿐만 아니라 커뮤니케이션 채널을 다양화하여 '일하기 좋은 회사'를 만들기 위해 노력했다. 이를 위해 원활한 사내 커뮤니케이션과 기업의 성장을 돕는 미디어 믹스(media mix)를 구축했다. 경영진과 종업원이 대화의 장벽을 없애고 조직의 비전과 목표를 공유할 수 있도록 3대 포럼과 같은 대화의 장을 마련해 사업목표와 현황을 알리고, 경영 키워드와 연계된 각종 세미나를 개최하고 성공사례를 전파함으로써 개인의 업무능력 제고와 역량 향상을 도모하였다. HyFA 교육제도를 통해 자기개발에 대한 자발적인 동기를 부여하고, 사내 인트라넷인 CUBE에 임직원 개인 블로그 기능을 구축해 조직구성원 간의 관계형성을 장려했다.

각종 동호회활동과 취미활동을 지원하고, 지식·교양강좌와 다양한 정기 이벤트를 확대 운영해 사원들의 사기와 조직에 대한 헌신을 제고시켰다. 또한 전문잡지 수준의 월간 사보를 발행하고 사내 방송과 정기 뉴스레터를 회사의 비전과 목표 달성을 위한 전략적 커뮤니케이션 도구로 활용해오고 있다.

2 인재경영체계

현대카드·현대캐피탈의 인재경영체계는 공통역량과 4대 경영방침에 기반하여 조직구성원을 개발하는 데 초점을 맞추고 있다. 뿐만 아니라 요구되는 행동유형을 근거로 적절한 보상과 제재를 가할 수 있도록 한다는 점에서 조직문화를 구축하는 데 기여한다고 볼 수 있다.

현대카드·현대캐피탈이 추구하는 인재개발의 기본방향은 '현대카드·현대캐피탈스러운' 인재를 직무경험 중심으로 육성해나간다는 것이다. 커리어마켓을 통해 희망직무를 선택할 수 있는 기회를 얻어 주도적인 경력개발이 이루어지도록 하며, 육성형 평가와 성과연동 보상을 실시한다. 그리고 HyFA 교육제도는 인재육성 프로세스를 가속화시키는 촉매 역할을 하고 있다.

현대카드·현대캐피탈은 역량과 잠재력이 뛰어난 인력을 채용하고 이들을 효과적으로 관리하여 '현대카드·현대캐피탈스러운' 인재로 육성하고 유지하기 위한 다양한 인사제도를 시행하고 있다. 먼저, 우수한 인력을 조기 확보하기 위해 차별화된 인턴십 제도를 운영하고 있다. 어느 기업의 인턴십 프로그램에서나 공통적으로 볼 수 있는 사업 분야와 경영환경의 이해를 돕기 위한 교육훈련과 현업 실무경험 외에도 CEO 및 선배와의 대화를 통해 현대카드·현대캐피탈에서의 경력개발에 대해 전망해보는 시간이 제공된다. 또한 와인 시음, 현대미술의 이해, 이미지 메이킹(image making) 같은 지식·문화강좌뿐만 아니라 홍대 클럽파티, 슈퍼매치(super match)와 뮤지컬 관람 등을 통해 현대카드·현대캐피탈 특유의 조직문화를 엿볼 수 있도록 배려하고 있다.

신입사원 채용에 있어서도 현대카드·현대캐피탈의 인재상에 부합하는 우수한 지원자를 가려내기 위해 7단계에 걸친 프로세스를 수립하고 비즈니스 케이스, 문세해결, 십단토론을 포함한 다각도의 역량평가를 실시해 객관적인 면접을 지향하고 있다. 경력사원의 경우 현 기술수준과 직무에 요구

〈그림 Ⅲ-7〉 인재개발의 기본개념

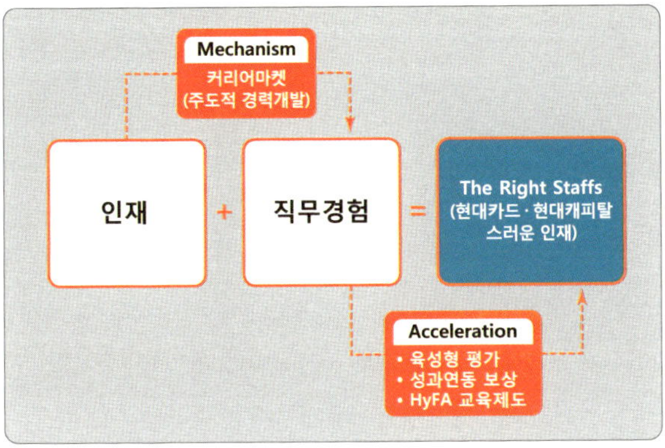

되는 역량에 따라 인재유형을 세분화하여 채용컨설팅 의뢰, MBA 채용, 그리고 자체적인 전환배치까지 각각에 적합한 채용전략을 운영하고 있다.

효과적인 인력관리를 위해 직렬을 기본 단위로 개인의 경력개발경로를 수립하도록 하고 있으며, 일반직군과 사무지원직군을 분리하여 차별화된 인사체계를 적용하였다. 기본적으로 '1인 1직렬 전문화'를 추구하되, 커리어마켓을 통해 직군과 직렬에 구애받지 않고 개인이 원하는 직무로의 전환배치를 허용함으로써 주도적인 경력개발을 지원하고 인사제도의 유연성을 확보하였다.

아울러 승진포인트 제도를 운영하여 고속승진이 가능하도록 하였고, 성과에 따른 보상차별화를 확대·강화하여 우수한 인재들 유지하기 위한 유인을 제공한다. 또한 HyFA 교육제도를 통해 우수인력을 대상으로 차세대 리더 양성에 주력하고 있다.

다음에서는 지금까지 살펴본 기업문화와 인사관리의 방향성을 토대로 현대카드·현대캐피탈 인사혁신의 근간을 이루는 커리어마켓, 성과관리제도, HyFA 교육제도와 조직문화를 더 자세히 살펴보도록 하겠다.

3 추진활동

1) 커리어마켓

정태영 사장의 아이디어를 바탕으로 인사팀이 구체화하여 실행 중인 커리어마켓(career market)은 창의력과 혁신을 중심으로 성과와 시장지향적인 조직관리를 거듭 강조하는 '현대카드·현대캐피탈스러운' 인재중시문화를 잘 반영하고 있는 회사의 대표적인 인사정책 중 하나다. 커리어마켓은 그 성공 스토리가 언론에 소개된 이후 큰 반향을 일으키며 여러 기업과 정부조직의 주요 벤치마킹 대상이 되어왔다.

(1) 커리어마켓의 개요

커리어마켓이란 사내의 구인·구직시장으로서 사원 개인에게는 자신이 원하는 직무를 주도적으로 선택할 수 있는 기회를 제공하고, 인력소요부서에게는 지원자들을 대상으로 선발 권한을 넓혀 개인의 경력개발과 조직의 인력선발에 대한 요구를 시장원리에 입각해 충족시키고자 하는 인사제도다. 인사팀이 주관하던 기존의 전환배치는 주로 조직개편, 결원보강 또는 승진을 고려하여 실시되어왔으며, 인력소요부서와 전출 부서장의 의견을 조정하는 과정에서 전환배치 대상자 개인의 의견이 적절히 반영되는 것이 미흡했다. 그리고 원활한 인력이동을 저해하는 전환배치의 경직성이 개선대상으로 지적되었다. 커리어마켓을 도입하기 이전에는 전보에 따른 후속 충원 문제로 인하여 전보를 희망하는 사원의 의사보다는 소속 부서장의 의지가 더 중요시되는 부작용을 안고 있어 부서장이 전출에 동의하지 않는 경우 신속한 인력이동이 어려웠다. 커리어마켓은 이러한 문제점을 개선하고 개인과 조직의 인적 경쟁력을 향상시키고자 2006년에 도입된 육성형 신평가제도와 그 맥을 같이하여 2007년 7월부터 시행되었다. 커리어마켓은 인력소요 부서와 전보 희망자 간의 의사소통을 효과적으로 연결시켜 인력

〈그림 Ⅲ-8〉 커리어마켓의 개념

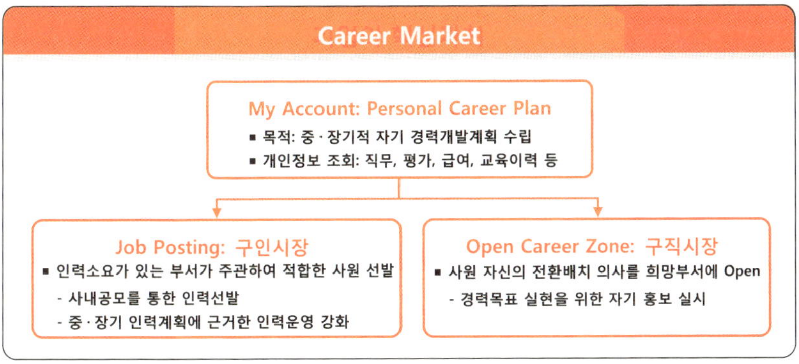

시장(HR market)의 기능을 수행한다. 그리고 사원들에게는 자기주도적 경력개발 환경을 제공하고, 부서장과 조직운영자에게는 인력운영의 책임의식을 제고시켜 인사관리의 핵심가치인 성과지향(performance-driven), 전문화(specialization), 그리고 내부고객만족(employee satisfaction)을 높은 수준에서 달성하는 데 그 목적이 있다.

〈그림 Ⅲ-8〉과 같이 커리어마켓은 다음의 세 가지 기능으로 구성된다.

- 자기신고(my account)
- 사내공모(job posting)
- 오픈커리어존(opcn career zone)

자기신고(my account)는 임직원 개인의 급여, 평가, 교육사항 등 인사정보의 일괄 조회를 가능하게 하고 이를 종합적으로 관리하는 기능을 제공한다. 또한 장기적인 관점에서 자기주도적인 경력개발을 지원할 수 있도록 희망직무를 3지망까지 작성하도록 하여 향후 인력소요 발생 시 전환배치에 적극 반영되도록 한다. 아울러 희망 근무지역과 전보 시기에 대해서 기록하도록 되어 있다. 이와 관련해 2007년 7월 전 사원을 대상으로 커리어마켓을 확대 시행한 후 개인별로 상시 갱신이 가능하도록 했다.

따라서 인사팀에서 이와 같은 인사정보를 바탕으로 커리어마켓을 통해 전보가 가능한 인력 대상자(pool)를 추적 관리함으로써, 전사전략과 연계된 인력계획을 체계적으로 수립하여 전략실행의 실효성을 높일 수 있게 되었다. 또한 인력이 필요한 부서가 요청할 때 적합한 후보인력 정보를 제공하여 전환배치되도록 함으로써 개인의 희망직무가 충분히 반영될 수 있다.

자기신고는 사원들 스스로가 선호 직무를 수시로 신청 및 변경하여 향후 인력소요가 발생할 때 인사팀에 의한 전환배치에 적절히 활용된다는 점에서 '소극적인' 경력개발이라고 할 수 있다. 하지만 오픈커리어존(open career zone)에 지원할 경우 해당 실의 인력소요 여부에 따라 즉시 전보가 가능하다는 점에서 '적극적인' 경력개발이라고 볼 수 있다. 이때 전보를 희망하는 개인은 전보 희망부서를 선택하여 특정 직무에 대해 인사팀과 희망부서 실장에게 적극적인 전보 의지를 내비칠 수 있다. 또는 희망부서를 선택하지 않음으로써 현 소속으로부터의 전출을 주목적으로 인사팀과 소속 실장을 포함한 전사 실장들에게 자신의 전보희망 사유와 강점 등에 대해 자기 홍보를 실시할 수도 있다. 그뿐만 아니라 '도전적인 직무 검색'을 도입해 사원 개인의 경력개발이라는 순기능 측면을 강화하였다.

오픈커리어존은 현재 직무를 변경함으로써 경력개발을 추구하는 사원의 관점에서 운영이 되지만, 사내공모(job posting)는 인력소요부서가 생길 경우 해당 직무로 전보를 희망하는 지원자들 가운데, 공모 직무에 요구되는 역량에 부합하는 사원을 즉시 선발할 수 있도록 한다. 인력소요가 있는 모든 직무에 대해 부서장이 자율적으로 게시하며, 지원자들 중에서 해당 직무에 적합한 사원을 선발하지 못할 경우 자기신고 내용을 바탕으로 전환배치하거나 외부에서 충원하게 된다. 이는 인력소요에 대해서 내부인력을 먼저 고려하여 사원의 경력개발 효과를 극대화하기 위한 것이다. 이와 더불어 사원들이 경력개발계획을 체계적으로 수립할 수 있도록 실별 중·장기 인력운영계획을 전사에 공지하도록 하고 있다. 인사팀이 선발인원에 대한 최종 검토를 마치면, 현 소속 부서장과 본인에게 통보한 후 '일주일 원칙'에 따라 전보가 실시되며, 후속인력 충원은 별도로 진행된다. 그러나 직무 특성상 '일주일 원칙'에 따른 전보가 여의치 않을 경우 별도의 승인절차를 밟아 기간을 조정할 수 있다.

(2) 커리어마켓의 운영 프로세스와 기준

커리어마켓은 크게 두 가지 프로세스로 운영된다. 하나는 인력소요부서의 충원 요청에 따라 사내공모를 실시하여 해당 직무에 대한 지원자들과 자기신고인력 풀(pool)을 함께 검토하여 선발·충원하는 방식이고, 다른 하나는 사원 개인의 관점에서 즉시 전보를 희망하는 경우 오픈커리어존을 활용하여 경력개발을 도모하는 방식이다.

인력소요가 발생하면 해당 부서장은 인사팀에 인력충원계획의 승인을 받아 자율적으로 사내공모 직무에 대한 정보를 게시한다. 그 다음 인사팀이 사내공모를 통한 해당 직무 지원자와 자기신고인력 풀(pool) 중에서 전보가 가능한 대상자들의 경력 및 역량 정보를 활용하여 후보인력을 추천하면, 소요부서에서 후보인력을 사정하여 대상자를 최종 선정한다. 그 후 선발인원에 대한 전출 사실을 현 소속 부서장에게 통보하고 '일주일 원칙'에 의거하여 동일 기간 내 충원 가능 여부에 상관없이 전보를 실시하게 된다. 후보인력 중 직무역량에 적합한 지원자와 자기신고인력을 찾지 못한 경우에는 외부채용을 권장하고 있다. 이와 대조적으로 사원 개인이 다른 부서로 전보를 희망하는 경우 오픈커리어존을 이용해 직무를 전환할 수 있다. 오픈커리어존을 통해 전보 희망부서를 선택하여 신청할 경우 인사팀과 해당 실장에게 정보가 공유되어 선발을 검토하게 되며, 전보 희망부서를 선택하지 않은 경우 전사 실장에게 정보가 공개되어 선발을 희망하는 부서로 전보가 실시된다. 인력이동의 효율성을 높이기 위해 오픈커리어존 내에서도 '일주일 원칙'이 동일하게 적용된다.

커리어마켓의 운영기준상 전보대상은 동일 직무에서 2년 이상 근무한 일반직·사무직 정규 사원으로 하고, 제도를 도입한 2007년에는 제외되었던 부장급 사원도 2008년부터 커리어마켓 전보대상으로 확대 적용되고 있다. 경력직 입사자의 경우에는 특정 직무를 수행하기 위해 채용된 것을 감안해

〈그림 Ⅲ-9〉 커리어마켓의 운영 프로세스

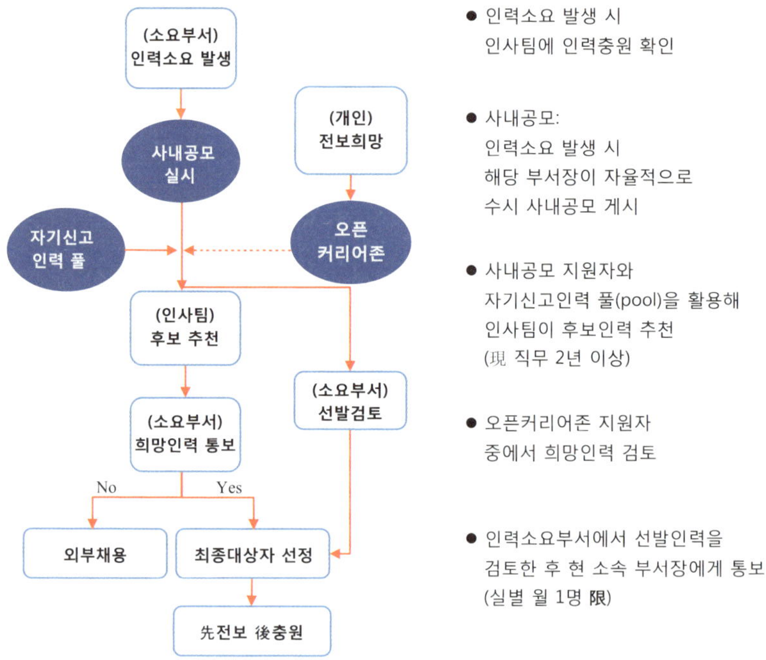

동일 직무로 4년 이상 근무하면 전보대상 자격을 얻고 커리어마켓을 통해 다른 직무를 선택할 수 있는 기회가 주어진다. 커리어마켓을 통해 업무를 변경할 때 '실·지역본부'를 기본 단위로 직무분류를 적용하며, 업무 변경 없이 '실·지역본부' 소속이 달라진 경우에는 동일 직무로 간주된다.

기존의 인사팀 주관 전환배치의 단점을 개선하고 자기주도적인 직무선택과 경력개발 기회를 확대하여, 개인과 조직의 인적 경쟁력을 제고하고자 도입된 커리어마켓은 다양한 제도적 장치의 마련을 통해 부작용을 최소화하며 운영되고 있다. 제도 기획 단계에서부터 성공적인 운영을 위해 특별히 강조되어온 것이 지원자 정보의 철저한 보안 유지와 '일주일 원칙'에 기반한 先전보 後충원 기능이다. 전환배치될 부서가 확보되지 않은 상황에서 자신의 선보 의사가 소속 부서의 동료들이나 부서장에게 밝혀지는 것은 지원자 개인에게 상당한 부담이다. 이에 따른 위험회피적인 행동은 커리어마켓의 성공 여부를 떠나 존폐를 좌지우지할 수 있는 중요한 문제다. 이런 이유로 커리어마켓의 사내공모나 오픈커리어존에 입력된 지원자의 개인정보는 보안을 철저히 유지하고, 인사팀 내에서도 커리어마켓을 담당하는 현업 담당자와 소요부서 실장만이 지원자에 대한 구체적인 내용을 열람할 수 있도록 한다.

지원자 정보의 보안 유지가 커리어마켓 존속의 핵심요소라면, '先전보 後충원' 제도는 커리어마켓의 효율성을 극대화시키는 동인으로 볼 수 있다. 커리어마켓을 도입하기 전 인사팀 주관 전환배치제도에서는 사원이 전보 의사가 있다 하더라도 현 소속 부서장이 전출에 동의하지 않을 경우 원활한 인력이동이 어려웠다. 전보에 따른 후속충원 문제로 사원의 의견보다는 현 소속 부서장의 의견이 더 우선적으로 반영되었기 때문이다. '先전보 後충원' 기능이 강력히 제도화되지 못한다면 전보를 원하지만 위험을 감수하기 꺼리는 사원들에게 커리어마켓을 활용해야 할 충분한 유인을 제공하지 못할 것이다. 실효성 있는 커리어마켓을 운영하기 위해서 인사팀은 기존의 전환배치제도가 가지고 있는 인사이동상의 병목현상을 최소화하고 커리어마켓의 기본 취지를 높은 수준에서 충족시킬 수 있는 제도를 고안해내야 했다. '先전보 後충원' 원칙은 사내공모·오픈커리어존·자기신고를 통한 인사팀 주관 전환배치에 동일하게 적용되며, 이와 같은 채널을 통해 선발된 인원은 기존 직무에 대한 충원 여부와 관계없이 일정 기간 내에 전보를 실시하도록 한다.

커리어마켓으로 인해 특정 부서에서 지나치게 많은 인력이 유출되는 것을 막기 위해 실별로 순감소인원을 월 1명으로 제한하였다. 그리고 실·지역본부 인원 감소율이 일정 비율을 초과할 경우 부서별 특성을 감안하여 3/6개월 단위로 인력유출을 제한하는 세이프가드(safeguard) 제도를 운영하고 있다. 뿐만 아니라 직무 선호도가 낮거나 업무 강도가 높은 비선호 부서에 대해서도 원인분석을 통해 인력유지방안을 모색하고 있다. 이와 반대로 사내충원 쿼터(quota) 제도를 도입해 일부 특정 선호 부서에 대해 과도한 사내공모와 인력유입을 제한하고, 우수인력을 외부에서 채용하도록 유도하고 있다. 커리어마켓은 현대카드·현대캐피탈이 통합 운영하고 있어 소속에 관계없이 상호 교차지원이 가능하다. 2008년 1월부터 현대커머셜이 커리어마켓을 통합 시행하게 되었고, 2009년부터 미국, 중국, 유럽 등 해외 사업장에까지 확대 시행함으로써 현지 채용인도 커리어마켓을 통해 자기주도적으로 경력개발을 할 수 있게 되었다.

(3) 커리어마켓 시행 현황

2007년 7월 처음 도입되어 불과 1년여의 기간 동안 커리어마켓은 대외적으로 그 성공사례가 큰 관심을 불러일으키며 현대카드·현대캐피탈의 대표적인 인사제도로 정착하였다. 커리어마켓은 인사팀의 기대치를 훨씬 뛰어넘을 정도로 급속도로 활성화되었다. 내부자료에 따르면, 제도가 시행된 2007년 7월부터 2008년 10월까지 인사이동인원 총 267명 중 커리어마켓을 통해 선발된 인력이 187명, 즉 70%에 달하고 있으며, 사내공모나 오픈커리어존을 통해 충원이 어려운 긴급한 결원 보강을 위해 동일 본부 내에서 전환배치를 30% 실시하였다. 시장원리에 입각해 자유로운 직무선택을 장려한다는 점에서 제도 도입 초기에 많은 우려를 낳았던 특정 직무로의 '쏠림' 현상이나, 효과적인 인사이동 관리가 어려울 정도의 폭발적인 전보 수요 증가도 발견되지 않았다. 동일 기간 내 커리어마켓 대상인원 대비 42%인 516명이 커리어마켓에 지원하여 187명(36%)이 선발되어서 3 대 1에 가까운 경쟁률을 보였으며, 전체적으로 커리어마켓 위주의 다소 안정적인 전환배치가 실시되고 있는 것으로 나타났다.

2007년 이후 커리어마켓을 통한 직원의 이동이 지속적으로 이루어지고 있어 현대카드·현대캐피탈 내부의 자발적인 인력 최적화가 적절히 진행되고 있는 것으로 판단된다. 2009년 커리어마켓에 공개된 177개의 직무에 145명이 지원하여 81.9%의 지원율을 나타냈다. 이들 가운데 29.9%인 53명이 직무를 전환해 2007년(16.2%), 2008년(15.7%)과 비교해 커리어마켓을 통한 이동률이 점차 높아지고 있다.

커리어마켓을 통한 인사이동의 세 가지 경로(자기신고, 사내공모, 오픈커리어존) 중 현대카드·현대캐피탈의 인사관리철학과 조직관리에 있어 창의성과 혁신을 잘 나타내주는 것이 오픈커리어존이다. 실제 활용도 측면에서 기업 안팎의 경영 여건에 따라 편차가 있을 수 있지만, 자기신고 내용을 반영한 전환배치와 사내공모제도는 현대카드·현대캐피탈 외에도 많은 국내외 기업들이 도입해 시행하고 있다. 그러나 특히 사원 스스로가 중·장기적 경력개발계획에 따라 주도적으로 역량과 기술을 갖추고 사내 인력시장에서 자기 마케팅을 통해 직무전환을 꾀할 수 있도록 하는 현대카드·현대캐피탈의 오픈커리어존이 가지고 있는 기본 취지와 방향은 수많은 언론보도와 격찬이 무색하지 않을 정도다.

다만, 2007년 7월부터 2008년 8월까지 경로별 이동 현황을 나타내는 내부자료에 따르면, 커리어마켓을 통한 대부분의 인사이동이 사내공모에 의해 이루어져 아직까지 이상과 현실 간에 차이가 있음을 알 수 있다. 같은 기간에 사내공모를 통해 지원한 인력은 전체 커리어마켓 지원자의 69%를 차지했고, 사내공모를 통해 선발된 인원은 전체 커리어마켓 지원자의 90% 정도로 나타나 오픈커리어존의 활용도가 상대적으로 뒤처져 있음을 알 수 있다. 이는 전보를 희망하는 사원들이 명확하게 인력소요가 있고 직무내용이 공지되어 있는 사내공모를 선호한다는 것을 보여준다. 오픈커리어존은 부서의 인력소요 여부와 큰 관계없이 사원의 희망에 의거한 지원이 이루어지는 영역이므로 오픈커리어존 지원자의 선발률이 낮게 나타난 것으로 보인다.

(4) 커리어마켓의 성과

직원만족도조사(ESI)에 따르면, 커리어마켓이 시행된 이후 희망직무 반영과 적재적소 배치 여부를 묻는 전환배치·이동 관련 부문에서 지속적인 개선 추이를 보이고 있다(〈그림 Ⅲ-10〉 참조). 2007년 커리어마켓 도입 후 이동 관련 만족도가 전년 대비 0.24포인트 개선되어, 전체 인사관리(HR) 만족도의 평균 상승폭을 웃도는 것으로 나타났다. 2009년에는 0.04포인트 상승한 3.43을 기록했지만, 제도가 시행된 지 2년밖에 되지 않아 비인사 관

〈그림 Ⅲ-10〉 직원만족도 평균과 HR 만족도 대비 이동 관련 문항의 개선 추이

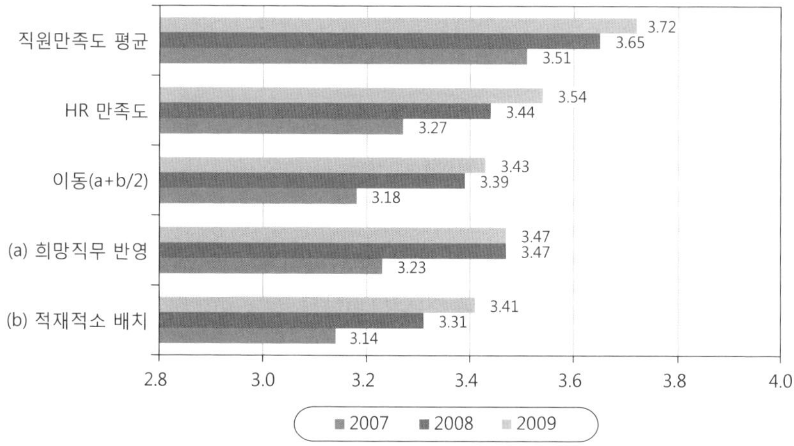

련 항목과 비교할 때 만족도는 아직 낮은 수준이다.

비슷한 맥락에서 적재적소 배치에 대한 만족도가 인사관리(HR) 평균 만족도보다 상대적으로 낮은 이유는 커리어마켓이 실행된 지 얼마 되지 않아 사원들 사이에 수혜 비율이 높지 않기 때문인 것으로 판단된다. 향후 커리어마켓을 통해 더욱 많은 사원들이 자신이 원하는 직무로 이동하고, 운영이 활성화됨에 따라 전환배치 만족도의 지속적인 개선이 기대된다.

커리어마켓이 시행된 이후 직원만족도조사(ESI)를 포함하여 다방면에서 업무개선 효과가 나타나고 있다. 커리어마켓은 시장원리에 입각한 자유로운 직무선택을 가능하게 하고 자기개발 노력을 이끌어내 자기주도적 경력개발 환경을 제공하였다. 또한 인력 선택의 폭을 넓히고, 필요한 인력을 능동적으로 사내에서 선발 가능하게 하여 사원과 부서장 스스로 선택한 의사결정에 대한 책임의식을 강화시켰다. 그뿐만 아니라 제도시행 전에 전환배치가 가지고 있는 인력이동의 경직성이나 개인의사 반영이 미흡한 단점을 보완하여 인력이동의 효율성과 투명성을 높였다. 실·부서 내 핵심인력의 유시 및 커리어마켓 대상자를 중심으로 전반적인 인력관리에 대한 조직 관리자의 자구 노력이 강화되어 커리어마켓을 도입하기 1년 전인 2006년과

비교해 2009년에는 이직률이 7.8%에서 4.7%로 감소하였다. 동일 기간 내 직무불만에 따른 이직률은 11%에서 9% 감소하였고, 제도 시행 1년 후인 2008년을 기점으로 2%대를 유지하고 있다.

사원면담을 통해 커리어마켓에 대한 사원들의 목소리를 직접 들어본 결과, 일부 사원은 커리어마켓을 통해 다른 부서로 옮겨가는 것이 실제로는 상당히 어렵다는 불만을 가지고 있었다. 많은 사원이 커리어마켓을 통해 원하는 부서나 직무로 이동했지만, 여전히 많은 사원이 원하는 부서로 이동하지 못하고 있었다. 또한 커리어마켓이 오용되어 부서와 사원이 부서 이동을 미리 협의한 후에 커리어마켓을 통해서 이동하는 것처럼 위장하는 경우가 있다는 지적도 있었다. 현대카드·현대캐피탈에서는 이에 대해 단호한 조치를 취하여 사원들의 고발을 접수하고, 커리어마켓을 오용하지 않겠다는 결의를 서면으로 받는 등 문제해결을 위해 적극적으로 노력하고 있다.

커리어마켓의 혁신성과 다양한 업무개선 효과로 인해 현대카드·현대캐피탈은 2008년 한국능률협회에서 주관한 기업 부문 종합대상과 최고경영자상을 수상했으며, 직장인과 취업예정자를 대상으로 한 설문조사결과 신용카드 부문 '한국에서 가장 일하고 싶은 기업'에 선정되었다. 같은 해, 인적자원개발협회가 조직관리의 우수성을 인정하여 인적자원개발(HRD) 부문 종합대상 기업으로 선정하였다.

(5) 커리어마켓의 성공요인

커리어마켓의 성공요인으로는 대략 다음의 세 가지를 들 수 있다.

- 리더십
- 조직문화 관점에서 4대 경영방침과의 연계성
- 육성형 신인사제도와의 상호보완성

정태영 사장의 리더십은 커리어마켓의 성공요인 가운데 가장 중요한 요소 중 하나다. 구체적인 제도화와 실행은 인사팀 주도로 이루어졌지만 정태영 사장 자신이 커리어마켓에 대한 아이디어를 제안했고, 이는 커리어마켓이 잠재적으로 여러 가지 문제를 가지고 있음에도 불구하고 실현될 수 있었던 중요한 요인이었다. 정태영 사장은 전사 실장들과 팀장들이 자신과 방향성을 같이하지 않고는 커리어마켓을 성공적으로 운영하는 데 한계가 있음을 인식하고, 커리어마켓의 필요성과 타당성을 피력하는 설명회를 개최하는 한편, 임직원과 난상토론을 통해 제도의 장단점을 토의하고 개선방향을 수립하였다. 그뿐만 아니라 제도 시행 전후 1~2회에 걸쳐 전 사원에게 편지를 보내 자유롭고 적극적인 참여를 유도하였다. 또 전체본부·실·지역본부장에게 커리어마켓을 성실하게 이행하고 보안을 유지하겠다는 서약서도 받았으며, 지속적인 커뮤니케이션을 바탕으로 전사적인 참여를 이끌어 냈다.

커리어마켓이 성공적으로 운영된 데에는 CEO의 의지 외에도 그 제도의 취지와 기본방향이 2003년 이후 끊임없이 강조되어온 4대 경영방침(변화, 전략중심, 스피드, 혁신)과 적절하게 연계되어 있었기 때문이다. 결코 멈추지 않는 변화(never-ending changes)에 대한 요구는 전환배치를 부서이동이라는 단편적인 개념을 뛰어넘어 '직무선택의 자유'로의 인식 변화를 촉구하였다. 또한 전략중심(strategy focused)의 조직문화는 인력이동이 심한 금융업계에서 능동적 대응을 통해 우수한 인력이 머물고 싶고 일하기 좋은 조직 분위기를 조성하도록 했으며, 직무전환을 통해 사내에서 자신의 비전을 현실화할 수 있는 제도적 장치로 발전하였다. '先전보 後충원'은 커리어마켓의 성공 여부를 결정짓는 핵심가치로서 '스피드(speed)가 승자와 패자를 가르는 유일한 변수다'라는 조직의 방침과 긴밀히 연계되어 있으며, 이는 커리어마켓에서 선발된 인원의 '즉시 전보' 실행으로 표현된다. 혁신(innovation)을 강조하는 조직문화는 기존의 모호한 경력개발체계를 시장원리에 입각한 체계로 개편하는 동인이 되었다. 이처럼 커리어마켓은 4대 경영방침을 잘 반영하고 있는 제도라고 할 수 있다.

마지막으로, 커리어마켓의 성공요인은 2006년 이후 시행된 육성형 신평가제도와 성과보상의 강한 연계성에서 찾아볼 수 있다. 커리어마켓을 기획

〈그림 Ⅲ-11〉 4대 경영방침과 커리어마켓의 연계성

4대 경영방침	변화와 혁신을 지향하는 커리어마켓
Never-Ending Changes 변화의 핵심은 'Never Ending'이다.	**전환배치의 개념 변화** 부서이동 개념이 아닌, '**직무선택의 자유**' 차원으로 전환배치의 근본적인 인식 변화
Strategy Focused 전략이 곧 'Vision'이다.	**조직과 개인의 경쟁력 향상** 인력유동이 심한 금융시장에서 능동적 대응을 통해 '**우수인력 유치**' 강화
Speed 'Speed'는 승자와 패자를 가르는 유일한 변수다.	**先전보, 後충원의 전보 실행** 선발이 결정되면 '**즉시 전보**' 실행
Innovation 'Innovation'은 우리의 존재와 성공의 유일한 이유다.	**시장원리에 입각한 경력개발시스템** 인사팀은 Control Tower 역할 수행, 지원과 선발은 '**사내 인력시장**' 구축을 통해

할 당시 가장 많은 우려를 자아냈던 부분이 일부 선호 부서로의 '쏠림'현상이었으나, 이것은 강력하고 투명한 평가제도와 이와 연계된 성과보상체계로 인해 개인의 합리적 선택에 의한 직무전환으로 귀결되었다. 예를 들어, 커리어마켓에 지원할 때 자신의 역량과 희망 부서의 팀원들이 보유하고 있는 역량을 비교하여, 전보 후에 높은 성과를 올리기 어렵다고 판단되는 경우 오히려 현재의 보상수준에도 못 미칠 수 있음을 인식하기 시작했다. 이런 이유로, 주도적인 자기개발 노력을 통해 더욱 높은 역량과 기술을 갖추기 위해 전보를 지연하거나 인기 직무로의 전보보다는 자기의 적성·흥미와 역량·기술을 고려하여 그에 적합한 직무로의 이동을 추구하게 되었다. 이로써 자칫 '시장실패'로 이어질 수 있는 커리어마켓이 객관적인 업적평가와 역량평가 그리고 이와 연계된 보상차별화 같은 제도적 보완장치로 인해 비교적 효율적이고 안정적으로 운영되고 있으며, 이는 개인과 조직의 인적 경쟁력 향상에 크게 기여하고 있다.

(6) 커리어마켓 개선방안

2007년 7월 커리어마켓이 시행된 이후 현대카드·현대캐피탈은 중간점검 및 개선사항에 대해 전사를 대상으로 의견을 수렴하고, (비)선호부서의 관리방안으로서 사내충원 쿼터(quota) 제도와 세이프가드(safeguard) 제도를 수립하여 실·부서 간 인력이동의 불균형을 해소하려고 노력해왔다. 아울러 2008년에는 커리어마켓의 대상을 부서장까지 확대하고, 현대커머셜을 포함해 커리어마켓을 통합 시행하였다. 같은 기간 동안 인사 이동자에 대한 전 소속 부서장의 불공정한 평가 관행을 계기로 커리어마켓을 통한 전보인력에 대한 평가체계를 개선하고, 전 소속 부서장의 평가결과에 대해 감사(audit)를 강화해 평가의 불이익을 최소화했다. 3사에 국한하던 커리어마켓을 2009년 이후에는 미국, 중국, 유럽 등 해외사업장으로까지 확대 시행하여 자유로운 직무선택과 지역 이동을 통한 경력개발을 촉진하고 있다. 이로써 커리어마켓과 인재전략을 연계하여 사원 역량 강화 프로그램을 구축하고, 이를 주축으로 글로벌 인사체계 수립과 글로벌 인재의 확보 및 유지 정책을 실시하고 있다.

2) 성과관리제도

(1) 성과관리제도의 배경

2003년에 도입된 신인사제도는 기존의 연공제와 밀실형 하향식 평가 관행을 대체하며, 합리적이고 경쟁력 있는 인사관리제도를 바탕으로 이후 현대카드·현대캐피탈이 성공적으로 경영혁신을 이루어내는 데 중추적인 역할을 하였다. 2002년 한국 경제를 뒤흔들었던 신용대란과 이에 따른 소비자금융시장의 위축 그리고 신규경쟁자 진입으로 인한 금융산업의 경쟁 격화와 같은 경영환경 변화는 성장과 수익이라는 두 마리 토끼를 한꺼번에 쫓아야 하는 과제를 안겨주었다. 이에 따라 성과 중심 경영을 기저로 마케팅·영업 역량을 강화하고 위험관리에 초점을 두는 한편, 끊임없는 개선을 통해 효율적인 업무 프로세스를 구축하였다. 그뿐만 아니라 금융서비스 산업을 중심으로 가열된 인재 각축전은 성과와 보상을 강조하고 개인의 경력개발을 적극 지원하는 시장·직무 중심의 인사시스템 도입을 가속화시켰다. 그 결과, 직무가치와 역량을 기초로 다양한 경험을 가진 경력사원 위주로 채용을 실시하여 조직의 혁신과 사업의 다각화를 이끌어냈으며, 개인의 직무 특성을 반영한 차별적인 인사운영시스템이 도입되기에 이르렀다. 또한 직무가치의 향상에 초점을 둔 전문가(specialist) 지향의 경력개발 프로그램이 운영되었고, 개인의 업적·역량과 보상 간의 연계성이 확대·강화되어 고성과에 대한 유인을 제공하였다.

연봉제, 직무 중심의 전문화, 그리고 목표관리제도(MBO)로 대표되는 신인사제도(2003년 도입)는 2006년 도입된 육성형 신평가제도와 내용상 구별하기 위해 종종 '사정형' 인사제도라 불린다. 즉 급변하는 경영환경과 위기 상황에 대응하여 연공서열 중심의 획일적인 인사관리체계가 가지는 불합리한 관행을 재정비하고 조직운영을 합리화하기 위해 도입된 신인사제도의 주요 관심사는 직무가치와 성과에 따른 보상차별화였다. 반면에 '육성형' 신평가제도는 기존의 신인사제도가 가지고 있던 성과관리체계를 보완하여 개인과 조직의 인적 경쟁력을 향상시키는 데 그 목적이 있으며, 미래지향적인 인사제도의 실현을 추구해오고 있다.

2003년 사정형 인사제도의 도입으로 평가관리에서 개인별 목표관리제도(MBO)를 통한 업적평가와 공통역량·직무역량평가가 실시된 것만으로도 상당한 발전을 이루었다고 할 수 있다. 하지만 육성형 평가제도를 도입하기 전까지는 평가자 관리가 저조하여 목표관리제도(MBO)가 제대로 정착되지 못했다는 평가를 받았다. 예를 들어, 평가자와 피평가자 사이에서만 이루어지는 목표수립과 평가절차는 승진 대상자에게 특혜를 주는 문제로 종종 나타나 연공 위주에서 성과기반 승진체계로의 변화를 더디게 만들었다. 그뿐만 아니라 연 2회 실시하는 업적평가를 바탕으로 한 성과급 지급은 팀원들 간에 '나눠먹기'식 관행으로 변질되어 개인의 업적을 객관적으로 반영하지 못하는 등 제도적 허점이 드러났다.

2006년 이후 이런 점들을 보완하기 위해 개인의 역량개발에 초점이 맞춰진 육성형 평가로 전환하여, 개인들의 강점과 약점, 향후 육성계획과 같은 사원에 대한 정보의 체계적인 종합 관리가 가능하도록 했다. 그리고 평가자 교육과 함께 평가 책임을 강화하고 업적평가를 연 1회로 변경하는 한편, 목표수립과 업적공유 과정에 팀원들이 참여하게 하여 평가의 투명성을 강화하였다. 또한 조직평가결과와 개인업적평가의 연계를 강화하여 조직 간, 개인 간 성과급 차별화를 확대하고, 평가결과에 대한 감사(audit)를 철저히 실시하여 평가의 공정성을 제고시켰다.

(2) 성과관리제도의 개요

현대카드·현대캐피탈의 주요 성과관리제도는 2003년 신인사제도를 도입한 후 운영상 미비한 점으로 지적되었던 부분들을 개선하기 위해 도입된 제도적 보완장치라 할 수 있다. 그리고 이는 2006년 이후 핵심적인 인사관리 기조로서 시행되고 있는 육성형 신평가제도로 나타난다.[1] 본 장에서는 육성형 신평가제도의 주요 제도를 성과관리의 지침 원리라고 할 수 있는 ① 사원의 참여와 공유(engagement), ② 사원역량의 강화(enhancement), ③ 평가의 공정성(equity)으로 나누어 소개하도록 하겠다.

효과적인 성과관리는 조직과 개인의 목표 연계, 성과에 따른 보상차별화, 역량개발에 초점이 맞춰진 사원 참여, 그리고 다면평가와 평가결과의 감사를 통한 공정성 확보라고 볼 수 있다. 〈그림 Ⅲ-12〉에서 성과관리를 구성하는 각 요소(예: 평가의 공정성)가 개인과 조직의 성과에 미치는 영향의 관계가 '곱하기'로 표시된 것은 이 세 가지 요소 중 하나라도 효과적으로 시행되지 않거나, 성과관리체계에 갖춰져 있지 않으면 사원들로부터 기대하는 성과를 이끌어내기가 어렵다는 것을 단적으로 표현한 것이다.

2006년 육성형 신평가제도를 도입한 이후 다양한 제도적 보완장치를 도입함으로써 기존 성과관리체계의 단점을 보완하고, 요소 간 내적 적합성을

1) 평가, 보상 등 다른 인사제도와 관련된 세부 정책들은 제V장에서 다룰 것이다.

〈그림 Ⅲ-12〉 현대카드·현대캐피탈의 성과관리개념 E^3

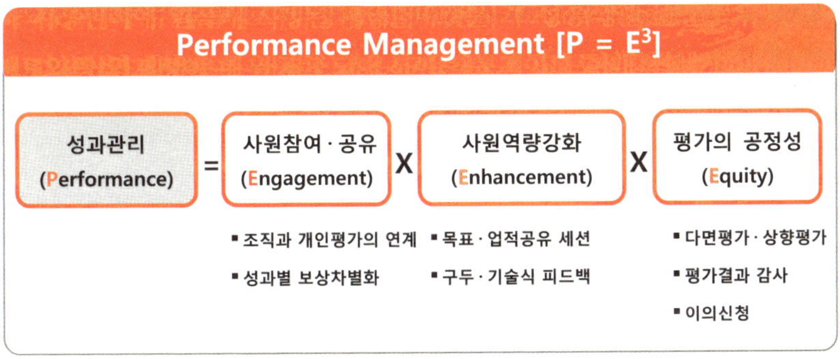

극대화하려는 노력이 대두되고 있다. 이는 개인 역량의 향상을 도모함으로써 조직의 핵심역량을 확보하여 시시각각 변하는 경영환경 속에서 시장경쟁력을 갖추려는 의지로 해석된다.

실효성 높은 성과관리체계를 구축하기 위해 조직의 성과와 개인의 업적평가의 연계를 강화하여 조직별·개인별로 보상차별화를 확대하고, 이에 따라 사원이 자신이 속한 조직의 전략적 방향성과 목표에 대하여 일체감을 가질 수 있도록 하였다. 목표설정과 업적공유 시에는 모든 팀원들이 참석하도록 하여 조직관리의 투명성을 높였을 뿐만 아니라 성공사례와 실패사례를 공유함으로써 사원 개개인의 역량강화에 기여하도록 했다. 과정관리에 있어서 구두·기술식으로 개인의 목표달성에 대한 피드백을 수시로 제공하여 성과에 대한 관심이 목표설정과 업적평가 시기에만 국한되는 것이 아니라 연중 지속되도록 장려하였다. 또한 평가의 공정성 측면에서 기존의 하향식 사정형 평가의 틀에서 벗어나 다면평가제를 실시하고, 평가주관부서에 의한 평가결과 감사를 강화하고, 이의신청제도를 더욱 접근성 있게 정비하였다.

① 사원의 참여와 공유

현대카드·현대캐피탈에서 사원의 참여와 공유(engagement)는 상위 조

〈그림 Ⅲ-13〉 조직과 개인의 평가-보상 연계체계

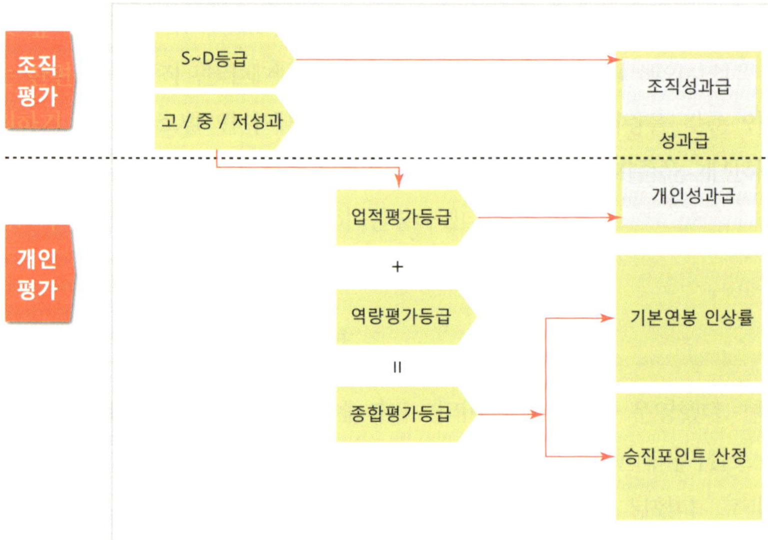

직과 개인이 연계된 목표관리제도(MBO)를 통해 목표의 일체감을 이루어, 개인성과의 합이 조직의 성과로 귀결되는 구조를 강조한 것이다. 2006년 실시된 육성형 신평가제도에서는 기존의 성과급 중 회사성과급을 폐지하고 이를 조직성과급으로 편입시켜 전체 성과급에서 조직성과의 반영 비중을 확대하였다. 아울러 제도화된 이익분배제(profit sharing)를 실시하고 있지는 않지만, 전사의 재무성과를 기초로 경영진이 재량적으로 재원을 마련해 경영성과급을 매년 지급하고 있다.

〈그림 Ⅲ-13〉과 같이 실·지역본부 및 부서의 성과와 개인의 성과를 연계하여 평가등급에 따라 보상액을 차별화하여 조직과 개인의 성과가 연동된 성과급을 지급하고 있다. 성과급은 연 1회 실시되는 업적평가에 따라 직무 특성과 직급에 근거하여 차별화되는 '표준성과급'을 기초로 산정된다. 이는 직무역할 수준이 높은 과장·차장급과 이익창출에 대한 직접적인 연관성이 높은 부문의 특성을 고려하여 성과급 비중을 달리 설정한 것이다.

개인평가는 각각 연 1회 실시하는 업적평가와 역량평가로 구성되어 있으며, 업적평가는 개인성과급에 반영되고 역량평가등급과 합산되어 개인종합평가등급으로 나타난다. 개인종합평가결과는 성과급에는 영향을 미치지 않지만, 차년도 기본연봉 인상률과 승진포인트 가점에 활용된다.

② 사원역량의 강화

평가등급 결정 위주의 사정형 평가에서 2006년에 도입된 육성형 신평가제도로의 전환은 공정한 평가와 그에 적절한 보상 연계뿐만 아니라 사원의 역량 강화(enhancement)라는 미래지향적인 의미를 함축하고 있다. 그 배경에는 개인의 역량 향상을 통한 조직의 핵심역량 개발과 확보만이 현대카드·현대캐피탈에게 지속 가능한 성장과 차별화된 시장경쟁력을 가져다줄 수 있다는 경영진의 믿음에서 비롯된다. 사원의 역량을 강화하기 위해 시행 중인 대표적인 인사정책은 목표수립·업적공유세션(session)과 구두·기술식으로 이루어지는 사원육성 중심의 평가라고 할 수 있다.

목표수립세션의 주요 목적은 개인과 조직 간 목표의 전략적 일체감을 확대·강화하고 절차적 공정성을 개선하는 데 있다. 참석자는 부서장과 부서원을 대상으로 하며, 매년 2~3월 전사 목표수립기간에 실시한다. 목표수립세션은 ① 소속 조직(실)과 해당 팀의 당해 목표 발표, ② 부서원의 개인목표 발표, ③ 개인의 목표에 대한 부서원 간의 토의 실시, ④ 목표와 타당성 등의 상호 검증결과를 바탕으로 개인목표를 최종적으로 수정하고 확정하는 4단계로 구성된다.

목표수립 절차의 첫 번째는 '방향성 설정 및 공유 단계'로서 팀장은 조직(실)의 목표를 공유하고, 상위 조직의 목표달성을 위한 팀 목표에 대한 방향성을 설정하여 팀원들에게 발표한다. 팀장의 발표가 끝난 후에 질의응답을 실시하여 상위 조직과 팀의 전략적 방향성과 세부 목표에 대해 충분히 이해하여 일체감을 유지할 수 있도록 한다. 목표수립세션은 전 단계에 걸쳐 부서장과 부서원 간 자유로운 의견개진을 그 핵심으로 하고 있다. 따라서 필요 시 팀원들의 의사를 반영하여 해당 부서의 목표를 수정할 수 있도록 하고 있다.

상위 조직과 해당 부서의 목표를 공유함으로써 방향성에 대한 공감대가 형성되면, 부서원들은 '개인목표의 발표 단계'를 거치면서 조직과 개인의 목표를 연계하는 데 초점을 둔다. 개인의 목표는 팀 목표에 의거하여 수립하는 것이 원칙이며, 이때 개인목표의 기본 방향, 항목, 수준과 추진방법 같은 세부적인 내용을 발표에 포함시켜 구체적인 토의가 가능하도록 한다. 또한 개인과제는 직무를 근간으로 업무량 달성 여부를 기준으로 한 '운영과제'와 업무의 효율성 증진과 혁신을 위한 노력과 관련 있는 '도전과제'로 구분하여 수립하도록 한다. 운영과제와 도전과제는 직무 특성이나 직책에 관계없이 7 대 3의 비율을 유지하도록 하고 있으나, 기획부서와 같이 부서의 특성상 전체 업무 중 운영업무의 비중이 현저히 적은 경우 예외적으로 운영과제보다 도전과제를 더 높은 비율로 설정할 수 있다.

개인목표 발표가 끝나면 부서장 및 동료 부서원들과 개인별 목표에 대해 토의를 실시한다. '목표검증과 타당성 검토 단계'를 통해 개인목표와 세부 추진방법의 타당성을 상호 검토하며, 과제별 추진방법과 노하우를 적극적으로 공유하여 조직 및 개인목표 달성을 위한 일체감을 유지한다. 이때 질의응답 내용을 기록하고 정리함으로써 토의 내용이 개인목표의 수정 및 합의 단계에서뿐만 아니라 실제 개인 업무에 효과적으로 반영되도록 한다.

이러한 절차를 거치면서 부서원의 개인목표를 필요에 따라 수정하고, 동료 부서원들 간에 수정된 목표에 대한 합의를 이끌어낸다. 목표수립세션을 통해 수립된 개인목표는 부서장과 부서원의 일대일 면담 후 전산시스템상으로 확정하게 된다.

목표수립세션은 개인목표와 조직목표의 전략적 연계를 강화하고, 목표설정에 있어서 절차적 공정성을 확보하기 위해 도입된 제도다. 반면에 업적공유세션은 수립된 목표를 바탕으로 부서장과 부서원 간, 그리고 동료 부서원 상호 간에 조직 및 개인업적에 대한 검증을 통해 평가공정성을 향상시킬 뿐만 아니라 우수 성공사례와 실패사례를 발표하고 토의함으로써 긍정적인 조직학습을 도모하기 위해 도입된 제도다. 업적공유세션은 구체적인 평가점수가 도출되는 조직 및 개인평가에 선행하여 차년도 1월 중 실시된다. 따라서 업적공유세션의 주요 취지는 평가점수·평가등급에 대한 상

〈그림 Ⅲ-14〉 목표수립·업적공유세션의 절차와 내용

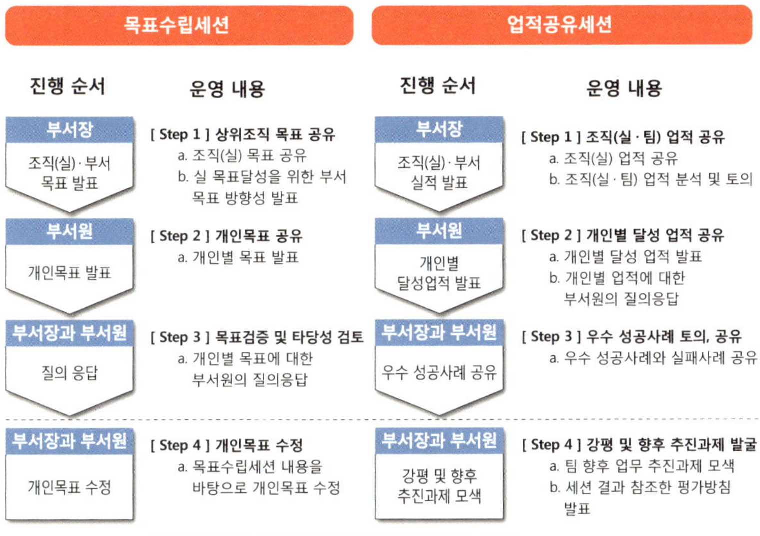

*목표수립 대상인 부서장과 부서원(일반직 부장~5급 사원)이 참여

호 검증이 아니며, 부서 및 개인별 과제의 추진 과정과 달성된 업적의 효과에 대한 검토라고 볼 수 있다. 업적공유세션의 주요 관심이 부서와 부서원의 현재 성과에 근거한 향후 업무개선계획이라는 점을 고려할 때 사원의 역량 강화를 위한 육성형 신평가제도에서 그 역할이 가장 두드러지는 인사정책이라고 할 수 있다.

업적공유세션의 절차와 내용은 목표수립세션과 매우 흡사하다. 먼저 부서장에 의해 조직(실·팀)의 업적에 대한 공유가 이루어진다. 아울러 팀장은 조직 단위의 운영과제와 도전과제 전반에 걸친 업적 분석을 발표하며, 결과를 바탕으로 부서원과 토의를 실시한다. 조직업적 공유 단계를 마무리하면, 다음은 개인별 달성업적을 부서장과 다른 부서원에게 발표하는 시간을 갖는다. 이때 업적달성 추진경과와 효과 중심의 발표를 실시하며, 이에 따른 구체적인 발표내용은 과제별 목표 대비 달성도와 주요 성과물, 그리고 업무추진방법과 효과 위주로 구성하게 되며, 미흡한 점뿐만 아니라 향후 업무개선계획을 반드시 포함시키도록 하고 있다.

개인별 달성업적에 대한 발표가 끝나면 부서원 간 개인업적에 대한 질의응답을 실시한다. 이때 우수 성공사례와 실패사례를 발표하고 토론함으로써 성공사례에 대해서는 목표달성방법과 노하우가 부서 내에서 효과적으로 전파될 수 있도록 하고, 실패사례를 공유하고 분석함으로써 지속적인 업무개선에 반영되도록 한다. 이어서 부서장과 부서원의 자유로운 의견개진에 의한 강평이 이어지며, 이 과정에서 향후 추진과제를 모색해나가는 단계를 거친다. 토의된 내용은 팀의 차년도 목표수립에 적극적으로 반영되도록 한다. 마지막으로, 부서장이 업적공유세션의 결과를 참조하여 평가방침을 발표하면 모든 절차가 완료된다.

2006년 사원 역량 강화를 위한 신평가제도가 도입된 이래 가장 두드러지는 특징은 목표수립세션과 업적공유세션을 통한 절차적 공정성 제고, 학습지향 사원참여를 통한 개인역량 향상, 그리고 육성지향 구두·기술식 피드백의 확대라고 할 수 있다. 특히 개인역량 강화와 관련하여 구두식 피드백은 부서장과 부서원 간, 동료 부서원 간에 업무에 대한 토론이 활발히 일어나는 목표수립세션과 업무공유세션에 잘 녹아들어 있다고 볼 수 있다. 그뿐만 아니라 성과관리의 일환으로 목표수립에서 평가 전까지의 기간 동안 부서장에 의한 지속적이고 반복적인 업무수행 모니터링과 결과에 따른 면담을 실시하도록 권고하고 있다. 면담 형태의 구두 피드백 외에도 부서원의 추진 일정에 맞춰 업무진행을 도모하고, 궁극적으로 개인의 성과창출을 극대화하기 위해 인사 ERP의 과정관리 화면에 과제별 개인목표 대비 업무진행 상황을 수시로 기록하도록 한다. 업무수행에 대한 수시 모니터링과 면담은 필요에 따라 시행하는 것으로 하되, 7월에는 부서장이 중간점검과 중간면담을 의무적으로 실시하여 모든 부서원의 업무진척 상황을 확인하고 적절히 관리하도록 하고 있다.

사정형 평가제도는 개개인의 성과와 역량을 등급화하여 그에 따라 적절한 보상을 하는 데 중점을 두었다. 하지만 육성형 신평가제도는 사원의 업무성과를 측정하고 개인의 역량을 파악하여 보상과의 연계를 강화하는 한편, 개인의 경력개발계획과 역량에 의거하여 향후 육성계획을 포함하는 데

까지 그 영역을 넓혔다. 이런 의미에서 개인평가에 있어서 기술식 피드백의 확대가 두드러진다고 할 수 있는데, 업적평가와 역량평가에서 5점 척도 평점과 함께 평가를 뒷받침할 수 있는 평가의견을 반드시 일정 분량(단어 수 기준)을 초과하여 기술하도록 했다. 특히 기술식 피드백은 개인의 역량평가 부분에서 그 쓰임새가 확대되었다. 기존의 사정형 평가체계에서는 다루지 않았던 개인의 업적과 역량 대비 강점과 약점, 그리고 그것에 근거한 향후 육성계획을 작성하도록 했다. 사원육성계획은 전반적인 방향성을 기술하도록 하는 개발계획을 기초로, 개인 육성 목적을 달성하기 위한 필요교육과 요청사항을 기입하도록 하여 그 내용을 교육프로그램의 설계와 참여에 반영하고, 요청사항이 정책수립에 적극적으로 반영되도록 했다. 그뿐만 아니라 역량평가 부문에 희망 이동직무를 선호도별로 기술하도록 하여, 개인의 경력개발계획에 근거한 인사팀 주관 전환배치에 활용되도록 하였고, 승진가능성에 대한 평가자의 의견은 승진고과에 반영되도록 했다.

③ 평가의 공정성

성과관리를 효과적으로 수행하는 데 있어서 평가의 공정성(equity)이 가지는 중요성은 아무리 강조해도 지나치지 않는다. 2006년 육성형 신평가제도를 도입하면서 평가의 공정성 측면에서 많은 보완이 이루어졌으며, 현재 현대카드·현대캐피탈은 상당히 체계적이고 안정적인 평가제도를 운영하고 있다. 평가의 공정성을 향상시키기 위한 노력은 평가 프로세스 전반에 걸쳐 나타나고 있는데, 그 시작을 업적공유세션이라고 보는 것이 적절하다. 업적공유세션은 개인별 달성업적에 대해 동료 부서원과 의견을 나누고, 우수사례와 실패사례를 공유함으로써 사원의 역량 강화에 직접적으로 기여하는 것 외에도 시기상 개인평가보다 먼저 실시된다는 점에서 목표달성에 대한 상호 검증을 통해 향후 개인평가의 왜곡을 방지하고, 평가결과에 대해 상호 감독이 가능한 시스템을 제공한다고 볼 수 있다. 아울러 이런 부서 내 업적공유 절차를 통해 평가결과에 대한 사원의 수용성을 향상시켜 불필요한 마찰을 줄일 수 있다.

사원 육성 강화를 위한 신평가제도가 시행되면서 눈에 띄는 것은 업적평가에 자기평가(self-evaluation)가 추가되어 업적 달성 여부에 따라 평가척도를 이용해 직접 기입하고, 실적에 대한 자기평가 근거를 기술식으로 작성하도록 한 것이다. 평가자는 피평가자의 자기평가 결과를 참고하여 상사평가를 실시하고 최종 승인권자가 평가등급을 부여하도록 하여 전체 업적에 대해 평가자와 피평가자의 의견이 모두 반영되도록 했다. 또한 역량평가 시에는 자신의 강·약점과 육성계획에 대한 기술식 의견을 직접 작성하도록 하여 자기평가 내용이 평가자 의견과 균형을 이루도록 하여 평가의 공정성을 제고시켰다. 부서원의 평가는 부서원 자신의 자기평가와 부서장에 의한 상사평가를 주요 근거로 이루어진다.

한편, 상사에 대해서는 두 가지 평가제도를 운영하고 있다. 부장급(임원후보)에 대해서는 외부 컨설팅 업체를 통해 270도 다면평가를 실시하고 모든 부서장을 대상으로 상향평가를 실시함으로써 부서장 이상의 고직급자에 대한 평가 공정성을 제고하고 있다. 또한 현대카드·현대캐피탈에서는 해당 부서원만이 평가하는 부서장 대상 상향평가를 연 1회 시행하여 그 결과를 보직자의 평가 및 육성계획에 반영하도록 하고 있다.

〈그림 Ⅲ-15〉와 같이 육성형 신평가제도에서는 평가대상자는 본인의 경력을 개발할 책임이 있고, 평가자는 사원을 육성할 책임이 있으며, 본부·거점·지점의 승인자는 등급부여관리의 책임이 있다. 그리고 인사 주관부서는 이런 일련의 평가절차를 지원하는 역할을 수행한다. 신평가제도하에서 평가결과에 대한 감사(audit)가 강화되었는데, 특히 커리어마켓이 활성화됨에 따라 이동자의 평가결과에 대한 공정성을 강조하고, 사내 우수인력 선정자에 대한 평가결과를 재검토하도록 했다.

전산시스템을 이용하여 자동으로 평가성향 분석을 실시해 오류가 발생할 경우 부서장에게 재평가를 의뢰하도록 한다. 확정된 평가점수에 대해서는 실내 점수를 서열화할 때 팀 간의 형평성을 유지하기 위해 조정계수를 적용하도록 하며, 이를 바탕으로 평가등급을 도출하여 팀 간의 평가성향 차이를

〈그림 Ⅲ-15〉 육성형 신평가제도의 평가절차

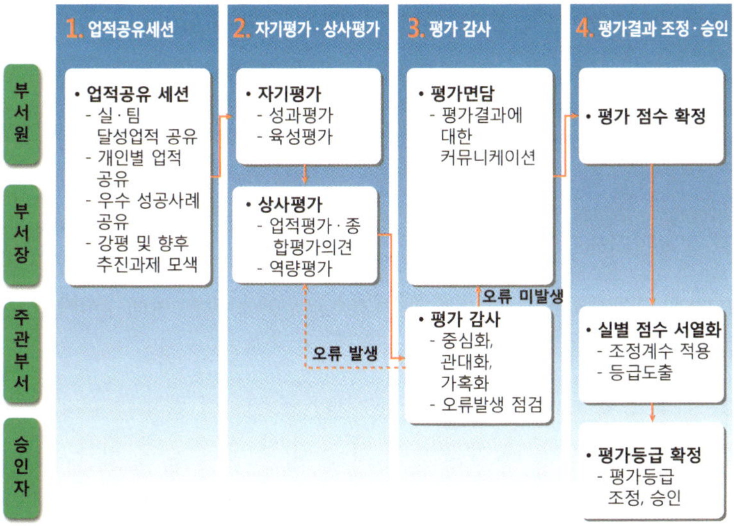

최소화한다. 이러한 감사활동으로 조정되고 등급화된 평가결과는 평가 승인자에게 인계되어 평가등급이 최종조정 및 승인을 받음으로써 확정된다.

평가의 공정성 확보를 위하여 육성형 평가는 '절차'에 초점을 두고 있다. 따라서 평가자가 단계를 준수하지 않을 경우 다음 평가활동을 실시하는 것을 시스템적으로 차단하고 있다. 예를 들어, 평가자가 업적공유세션을 실시하지 않은 경우 부서원 평가를 실시할 수 없도록 시스템적으로 제어하고, 미비한 평가활동에 대해서는 메일로 통보하고 있다.

육성형 신평가제도의 도입과 함께, 평가결과에 대한 이의신청도 피평가자 입장에서 접근성을 더욱 높일 수 있도록 재정비하였다. 기존의 사정형 평가제도에서는 평가결과에 대해 인사위원회에 이의를 제기하고자 할 때, 반드시 해당 팀장과 소속 실장의 결재를 받아 인사위원회에 회부해야 했다. 이런 경우 팀이나 실내 평가자 및 승인자와의 관계에 악영향을 끼칠 것을 우려해 평가점수에 불만이 있음에도 덮어두는 경우가 종종 있었다. 이런 이유로, 사원의 입장을 고려해 이의신청제도를 정비하였다. 현재 평가자에게 평가점수에 대해 이의를 신청하면, 피평가자·평가자·승인자가 함께 협의·조정하도록 한다. 평가점수에 대해 다시 1차 합의점을 도출하지 못했을 때 피평가자의 선택에 따라 팀장이나 실장의 결재 없이 평가주관부서에 이의신청을 하여, 인사위원회에서 최종 중재하여 평가점수를 확정하도록 하고 있다.

(3) 성과관리제도의 효과

2003년 신인사시스템의 시행을 기점으로, 현대카드·현대캐피탈의 성과관리제도는 다양한 제도적 보완장치를 도입함으로써 진화를 거듭해왔다. 성과관리의 실효성을 결정짓는 조직과 개인의 전략적 일체감 유지, 성과와 보상의 연계 강화, 사원참여를 통한 개인역량 개발, 그리고 평가의 내용과 공정성을 증진시키는 방향으로 성과관리제도를 변화시켜왔다.

매년 전 사원을 대상으로 실시하고 있는 직원만족도조사(ESI)에 따르면, 급여만족도와 평가-보상 연계에 대한 문항이 포함되어 있는 평가만족도 부문에서 지속적인 개선이 이루어지고 있음을 알 수 있다(〈그림 Ⅲ-16〉 참조). 육성형 평가제도를 도입한 지 1년 후인 2007년에는 평가와 보상이 어느 정도 체계적으로 연결되어 있는가를 묻는 평가만족도에서 응답자들의 대답은 '보통'에 가까운 3.23을 기록하였다. 2008년에는 평가만족도가 0.28 포인트가 증가한 3.44를 기록하였고, 2009년에 다시 소폭 상승한 3.61로 인적자원관리 전체 만족도 평균점수를 상회하였다. 평가만족도는 여타 인사제도에 대한 만족도보다 저조한 것이 통상적인데 현대카드·현대캐피탈의 경우 이와 반대되는 현상이 나타났다는 것은 매우 고무적이며, 육성형 신평가제도가 현대카드·현대캐피탈의 대표적인 인사제도의 하나로 정착했다고 볼 수 있다. 다만, 급여·평가·인사 전반(HR)에 대한 만족도가 3.54에 머물러 우수한 수준이라 할 수 없으므로 지속적인 개선작업이 필요할 것으로 보인다.

급여에 대한 만족도는 HR 만족도와 직원만족도조사 전체 평균에 비해 다소 뒤쳐져 있지만, 지난 몇 년간 꾸준히 개선되고 있음을 알 수 있다.

〈그림 Ⅲ-16〉 직원만족도 평균과 HR 만족도 대비 보상 부문의 개선 추이

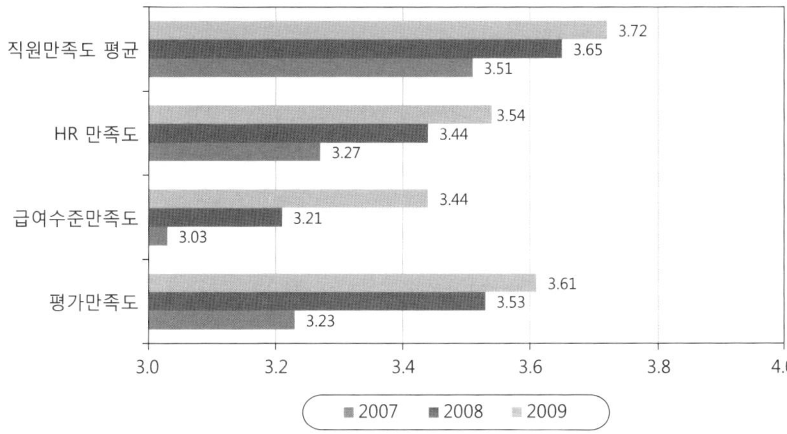

2007년 3.03이었던 급여만족도는 2008년에는 3.21, 2009년에는 3.44를 나타냈다.

현대카드·현대캐피탈의 조직혁신 전개 과정이나 경영성과를 논의하면서 빼놓을 수 없는 것이 바로 경영진의 리더십과 부서장의 역할이다. 특히 직원만족도조사에서 리더십 부문의 개선 추이를 보면 어떤 조직역량이 현대카드·현대캐피탈의 성공적인 혁신을 이끌어왔는지 한눈에 알 수 있다.

사원참여와 공유 그리고 개인역량 강화 노력이 제대로 활성화되기 위해서는 조직관리자와 부서장의 리더십이 필수불가결한 요소인데, 현대카드·현대캐피탈은 조직과 팀 리더십 부문에서 대부분 높은 개선 추이를 보이고 있다(〈그림 Ⅲ-17〉 참조). 특히 2009년을 기준으로 리더십 부문은 직원만족도조사 전체 평균 3.72와 HR 부문 평균 3.54를 훨씬 웃도는 수준을 보이고 있다. 진사적 전략 방향과 목표가 효과적으로 제시되고 있는지는 묻는 문항은 2008년을 기점으로 4점대로 진입했고, 경영진에 대한 신뢰도 또한 2007년과 비교해 0.26포인트 상승한 4.01을 기록해 상위 조직관리자들의 '말과 행동의 일관성'과 정책 실행력을 높이 평가하는 것으로 나타났다.

목표수립세션과 업적공유세션이 도입된 이래로 부서장의 리더십에 대한

〈그림 Ⅲ-17〉 리더십 부문의 직원만족도 개선 추이

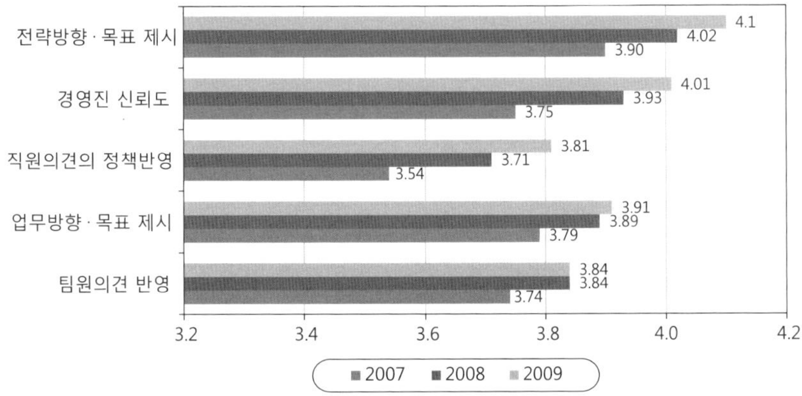

평가결과도 개선되는 추이를 보이는데, 부서장이 업무의 방향이나 목표를 명확히 제시하고 있는지는 묻는 질문에 2009년 직원만족도조사(ESI)에서 대부분의 응답자들이 만족스럽다고 답했다(3.91). 아울러 팀에서 목표수립이나 의사결정이 필요한 경우 팀원의 의견이 적극적으로 반영이 되고 있는지에 대해서도 2007년 3.74에서 0.1포인트 개선된 3.84를 기록했다. 따라서 팀의 전략적 방향 도출이나 세부 과제를 수립하는 과정에서 비교적 자유로운 의견개진이 가능하며, 실제로 팀원들의 의사가 적절히 반영된다는 것을 유추해볼 수 있다. 직원만족도 전체 평균에는 다소 못 미치지만, 평가 부문은 인사관리 전체 만족도보다 높은 수준을 유지하고 있다.

평가제도가 개인의 역량개발과 성과향상에 긍정적인 영향을 미치는지에 대해 묻는 문항(평가제도 효과성)에서 2007년 3.30에서 1.13포인트 개선되어 2008년에는 3.43을 기록했으며, 2009년에는 0.12포인트 상승한 3.55를 나타냈다. 평가제도의 절차와 감사 강화, 그리고 업적공유세션을 통한 평가자 책임의 확대는 평가의 공정성과 피평가자에 대한 업적·역량 파악도의 향상으로 이어졌다. 2009년 평가 공정성에 대해서는 2007년 대비 0.13포인트 상승한 3.63을 나타내, 설문에 응한 많은 사원들이 대체로 만족스러운 평가를 하고 있다. 업적·역량 파악도는 2009년 평가공정성을 추월해 3.65

〈그림 Ⅲ-18〉 직원만족도 평균과 HR 만족도 대비 평가 부문의 개선 추이

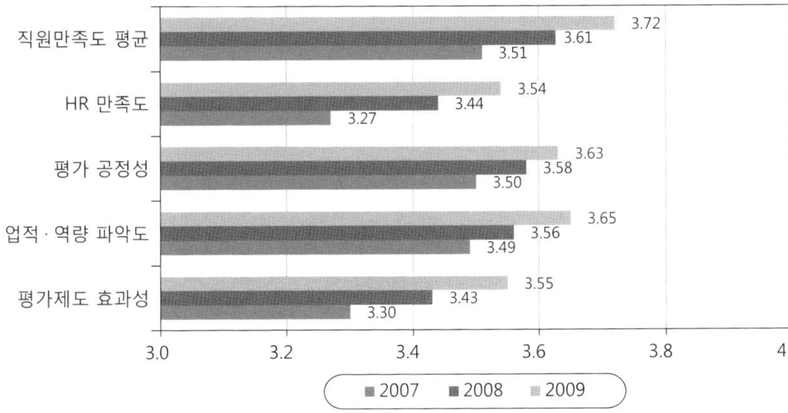

를 기록하며 자세한 업무성과와 성취내용을 요구하는 육성형 평가제도를 도입한 후 직원들 사이에서 그 효과성이 반영된 것이라 판단된다(〈그림 Ⅲ-18〉 참조).

현대카드·현대캐피탈의 인사조직 혁신을 검토해보면 성과관리제도가 가지는 중요성이 가장 두드러진다고 할 수 있다. 2003년 전사적으로 경영체계를 개편한 이후 적합성 있는 인사정책의 도입과 지속적인 제도보완을 통해 성과관리제도가 과거보다 개선된 것으로 보인다. 하지만 소속 부서와 직급별로 실시한 사원면담조사에 따르면 개별 성과관리제도의 활용도는 부서장의 관리역량과 부서 단위 하위소식문화에 따라 상이한 것으로 나타났으며, 이에 따라 해당 부문의 직원만족도에 차이가 있음을 알 수 있었다. 특히 면담에 참여한 대리 이하 사원들은 경력직 위주의 인력채용과 성과를 중시하는 인사관리가 부하육성을 등한시하는 조직분위기로 이어진다고 지적해, 상대적으로 공채 인력이 '자랄 수 있는 토양'이 다소 부족함을 나타냈다. 결코 멈추지 않는 변화(never-ending changes)와 혁신(innovation)을 강조하는 경영방침을 고려할 때 현대카드·현대캐피탈의 성과관리제도가 또 어떤 모습으로 변모해나갈지 그 귀추가 주목된다.

3) HyFA 교육제도

(1) HyFA 교육제도의 배경

HyFA(Hyundai Finance Academy)는 인적 경쟁력 향상을 통한 조직역량 확보를 최우선과제로 삼고 육성형 교육제도로 진화해왔다. 그 시작으로 2003년 신인사시스템 구축은 교육체계에도 많은 변화를 가져왔다. 성과지향, 직무 중심의 전문화와 내부고객만족을 인사관리의 핵심가치로 기존의 교육프로그램을 개편해 직무역량을 강화하기 위한 교육체계를 수립했다. 이를 위해 집채교육과 현장교육(OJT) 위주의 교육훈련을 직렬별 교육프로그램으로 재편성하였다. 다양한 교육프로그램의 신설과 함께, 직무에 따른 필수과정과 선택과정으로 구분하여 교육내용의 체계화를 강화하는 한편, 이-러닝(e-learning)이 가능하도록 멀티미디어 업무환경을 구현했다. 또한 직렬별 교육훈련과 인력관리를 연계하여 개인의 체계적인 경력개발이 이루어지도록 했다. 뿐만 아니라 우수인력의 역량개발과 인재유지를 위한 선발교육도 제한적으로 실시하여 핵심역량의 확보에도 주력했다. 이런 의미에서 현대카드·현대캐피탈의 교육제도는 주로 직무성과 중심의 신인사시스템이 효과적으로 운영될 수 있도록 지원하는 역할을 수행하였다. 즉 사원이 필요로 하는 직무역량의 획득과 그에 따른 직무성과의 달성이 주요 관심이었으며, 이는 신인사시스템이 사정형 평가에 그 초점이 맞춰져 있다는 것과 맥을 같이한다. 따라서 평가와 보상 중심의 경영합리화 노력으로부터 개인의 인적 경쟁력 향상을 토대로 조직의 경쟁력 확보로 관심이 이동하는 2006년 무렵 교육제도는 다시 한 번 과도기를 겪게 된다.

2006년 도입된 신평가제도는 교육제도의 내용과 인사시스템 내에서의 교육훈련의 지위에 많은 영향을 끼쳤다. 현재를 중시하는 사정형 평가에서 육성형 평가로의 변화는 인사시스템이 미래지향적으로 방향전환을 하는 데 중추적인 역할을 했다. 이는 사원 육성을 담당하는 교육제도가 평가와 보상과 같은 여타 인사 기능들을 지원하는 역할에서 벗어나 인사시스템 내에서 선도적인 역할을 수행하는 것을 의미했다. 또한 개인 주도의 역량강화와 시장원리에 입각해 시행된 커리어마켓은 그 성공적인 운영을 위해 교육제도와의 연계성이 매우 강조되어, 교육내용과 그 구성방식에 새로운 시각을 요구했다. 뿐만 아니라 엄격함 속에서 창의적이고 세련된 모습, 즉 '현대카드·현대캐피탈스러움'을 일관되게 강조하는 조직문화는 직무역량 강화와 관련된 교육훈련 외에도 3대 포럼, 준법(compliance), 문화강좌 같은 다양한 프로그램을 제공하는 교육제도에 상당 부분 의지하게 되었다.

(2) HyFA 교육제도의 특징

HyFA 교육제도는 '훌륭한 회사에 걸맞은 훌륭한 인재 육성'을 기본방향으로 회사에 대한 자부심, 리더십 역량, 금융전문가로서의 자질, 국제적 감각과 기업윤리를 두루 갖춘 인재를 육성하는 데 초점이 맞춰져 있다. 이에 따라 2009년 현재 시행 중인 HyFA 교육제도의 주요 특징은 세 가지로 나누어볼 수 있다. 첫째, HyFA 교육제도는 직무성과주의를 그 기저로 잠재력이 큰 인재(high potential individual)에 대한 집중투자로 나타난다. 둘째, 직무역량 외에도 글로벌 마인드(global mind)와 문화·교양(cultural attitude) 교육을 적극적으로 장려한다. 셋째, 육성형 평가제도, 인력관리제도와의 연계성을 강화한다.

현대카드·현대캐피탈은 개인의 역량 향상을 통해 조직의 핵심역량을 확보하는 것이 불확실한 경영환경 속에서 지속적인 성장과 시장경쟁력을 갖추는 가장 이상적인 방법임을 거듭 강조하고 있다. 특히 이런 목적을 달성하는 데 있어서 필수불가결한 요소인 인재에 대한 전사 차원에서의 관심은 정태영 사장이 적극적으로 참여하는 3대 포럼에서 잘 드러난다. 루키 포럼(rookie forum)은 입사 1년 차 전 신입사원을 대상으로 연 1회 3박 4일 동안 실시한다. 루키 포럼은 자기혁신을 주요 주제로 현대카드·현대캐피탈 사원이라면 누구나 갖추어야 할 창의성·책임감·팀워크·윤리의식을 고양하고 독특한 조직문화를 이해하는 데 중점을 둔다.

영 포럼(young forum)은 대리부터 과장급 이하 사원 중 우수인력을 선발하여 연 2회로 대상자를 나누어 각각 3박 4일 동안 실시한다. 영 포럼의 목적은 우수한 인력이 향후 현대카드·현대캐피탈의 리더로 성장하도록 지원하며, 선발된 인원들이 항상 회사로부터 관심을 받고 있음을 느끼게 함으로써 이들 인력이 외부로 유출되는 것을 억제하는 데 있다. 영 포럼은 리더로서의 자세와 태도(attitude), 주요 사업에 대한 이해(business understanding), 그리고 커뮤니케이션(communications) 역량 강화를 주제로 실시된다. 최근 해외지사의 우수인력에게까지 확대운영하고 있는 영 포럼에는 2010년 가을 현대카드·현대캐피탈 미국 지사 직원 10명을 포함하여 총 84명이 참석하였다.

리더십 포럼(leadership forum)은 팀장 및 거점장 이상의 보직자 중 우수인력으로 선발된 자를 대상으로, 연 1회 2박 3일에 걸쳐 실시한다. 리더십 포럼은 회사의 주요 현안과 경영 이슈를 발표하고 공유하는 장이다. 참석자들은 이런 전사 관점의 경영전략을 자유롭게 토의하고, 효과적인 제도와 정책(best practice)을 공유하여, 직원만족도 관리를 비롯하여 주요 경영 이슈에 대해 토의하며 구체적인 해결방안을 논의한다.

현대카드·현대캐피탈은 HyFA 교육제도의 효과적인 운영을 통해 전 사원이 금융인으로서 갖춰야 할 국제적인 안목과 다방면에서 교양을 쌓는 데 노력하고 있다. 신입사원들은 입사 후 신입사원교육의 일환으로 중국 GE 연수원(Crotonville China)에서 실시하는 연수에 참가한다. 또한 선발자를 대상으로 GE 연수원과 연계하여 해외에서 실시하는 다양한 직무교육도 제공한다. 뿐만 아니라 미국과 유럽에 있는 유수의 경영대학원 단기 MBA 과정에 전액 지원받아 교육을 받고 있는 사원도 증가하는 추세이며, 서울대학교 MBA 과정에도 사원을 보내 학비를 전액 지원하여 교육시키고 있다. 글로벌 마인드를 함양하는 취지로 실시하고 있는 해외 연수 및 배낭여행 지원은 자유문화탐방을 희망하는 사원들로부터 많은 관심을 불러일으키고 있다. 특히 STIR(short-term international rotation)라고 불리는 프로그램은 선발된 인력을 대상으로 현대카드·현대캐피탈의 파트너 기업인 GE의 해외사업장에 일정 기간 파견되어 근무하는 기회도 제공하고 있다.

현대카드·현대캐피탈의 외부 집채교육에서는 아침부터 밤늦게까지 쉴 새 없이 이어지는 교육과 개인별·팀별 과제로 밤을 지새우는 일은 찾아볼 수 없다. 효율성에 초점을 둔 교육방식을 채택하여 전체 교육일정에서 실제 교육시간을 최소화하고, 파티나 레크리에이션을 통해 동료들과 편안하게 어울릴 수 있는 분위기를 조성한다. 저녁시간에는 오페라와 같은 문화공연을 관람하거나 외부 강사를 초빙하여 다양한 교양강좌를 실시한다. 이런 문화적 소양을 갖춘 사원들이 현대카드·현대캐피탈 특유의 자유로움과 창의성에 기반한 혁신의 원천으로 간주된다. 외부 집채교육뿐만이 아니라 정기적으로 문화·교양강좌를 열어 사원들의 적극적인 참여를 권장하고 있다.

HyFA 교육제도의 역할은 육성형 신평가제도가 도입된 이래 두드러진다. 특히 시장원리에 따라 자기 주도적인 경력개발을 위해 시행된 커리어마켓의 성공을 위해서 체계화되고, 선택의 폭이 넓은 교육프로그램을 갖추는 것이 선결 과제이다. 이에 따라 지속적으로 교육프로그램을 추가 신설하고, 부문별 교육과정과 주요 직무별 교육과정을 설계하여 커리어마켓과의 연계성을 강화했다. 또한 ERP와 연계된 학습관리시스템(learning management system)을 구축하여 교육에 대한 임직원의 접근성을 강화하고, 관리시스템을 이용하여 자기개발계획 수립과 학습 진척에 관한 모니터링이 가능하도록 했다. 뿐만 아니라 개인의 강점과 약점에서 육성계획에 이르는 정보의 체계적인 관리를 강조하는 육성형 평가제도의 요구에 발맞추어, HyFA 교육제도는 사원들의 평가결과를 토대로 교육프로그램을 보완해오고 있다.

(3) HyFA 교육제도의 체계

〈그림 Ⅲ-19〉와 같이 현대카드·현대캐피탈이 운영하는 HyFA 교육제도는 개별 교육과정의 특성에 따라 크게 제너럴 아카데미, 프로페셔널 아카데미, 리더십 아카데미와 글로벌 아카데미로 분류된다. 각 아카데미를 구성하는 과정들은 교육 대상자가 반드시 이수해야 하는 '필수과정', 개인의 흥

〈그림 Ⅲ-19〉 HyFA의 커리큘럼

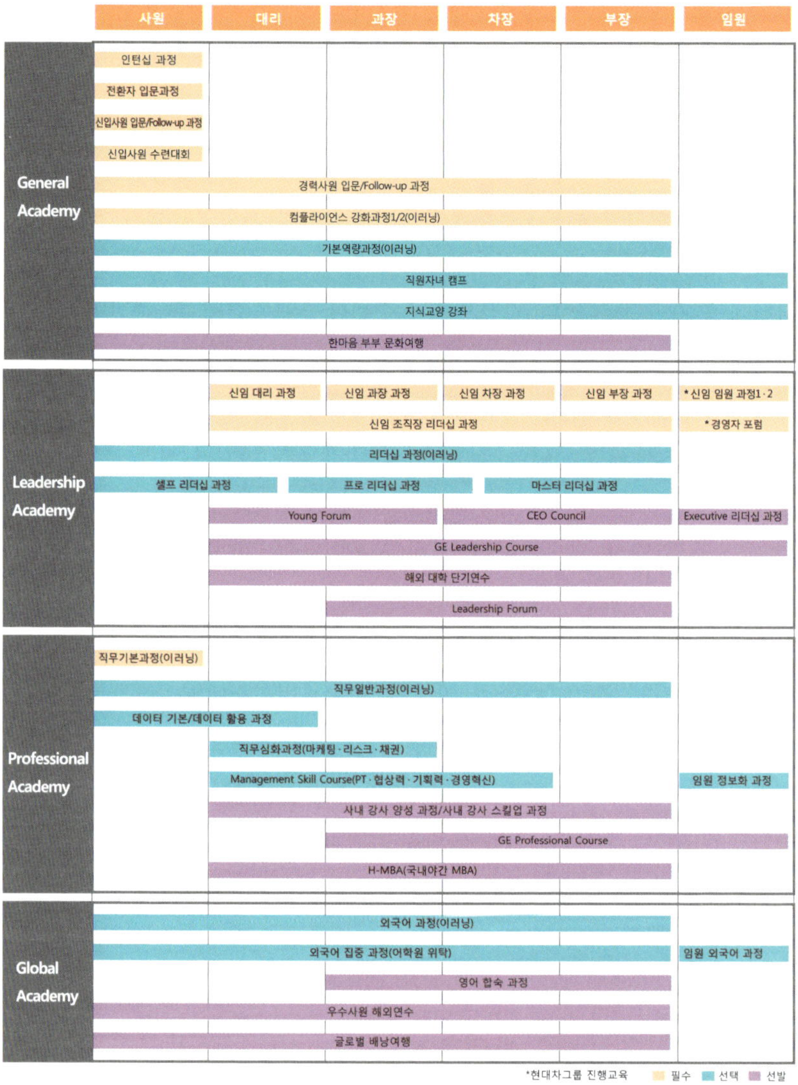

미와 필요에 따라 수강신청을 할 수 있는 '선택과정', 그리고 선발된 우수 인력에 한해서 제공되는 '선발과정'으로 다시 구분된다. 개별 교육과정은 임직원의 직책에 따라 필수로 이수해야 하는 과정, 선택적으로 수강이 가

능한 과정, 그리고 해당 직책의 대상자 중에 선발된 인원만이 참여할 수 있는 선발과정으로 분류되어 있어 체계화된 경력개발과 교육훈련이 가능하도록 되어 있다.

(4) HyFA 교육제도의 구성[2)]

제너럴 아카데미(general academy)는 신입사원과 경력직 채용 인력을 대상으로 현대카드·현대캐피탈의 공유가치를 전파하고 회사에 대한 헌신(loyalty)을 제고하기 위한 통합과정으로 구성된다. 인턴십(internship) 참가자와 신입·경력직 채용 인력들은 집채 입문과정에서 변화와 전략, 속도와 혁신을 끊임없이 강조하는 경영방침을 다양한 활동을 통해 습득하게 된다. 특히 고객정보 보안, 성희롱 예방, 그리고 협력업체와의 거래투명성에 역점을 두는 윤리경영(compliance)에 대한 원칙은 사원들이 집채교육과 온라인교육을 필수로 수강하도록 하는 데서 나타난다. 또한 제너럴 아카데미는 어학과 스포츠 프로그램을 바탕으로 임직원과 가족이 참여하는 캠프와 부부 단위 문화체험을 제공함으로써 '우리는 한 가족'이라는 조직문화 확산을 실천하고 있다.

프로페셔널 아카데미(professional academy)는 핵심직무역량을 강화하기 위한 교육으로 구성되어 있다. 직무기본, 직무일반, 직무심화, 그리고 직무전문가 과정을 직책과 역량 수준별로 나누어 체계화했다. 직무기본과정의 경우 사원들이 이수해야 할 필수과정이나, 그러나 직무일반과정과 직무심화과정 이상의 교육프로그램은 개인의 흥미와 적성 그리고 경력개발계획에 의거하여 선택수강과 선발과정을 통해 이수할 수 있도록 한다. 프로페셔널 아카데미는 직무역량을 극대화하기 위한 교육과정 외에도 선발된 직원을 대상으로 다양한 종류의 GE 연수와 전문가 과정, 사내 강사 양성과정, 국내 대학 MBA 과정에서 교육을 받도록 하고 있다.

---

2) 여기서는 HyFA 교육제도가 어떻게 구성되고, '현대카드·현대캐피탈스러운' 인재를 육성하는 데 어떤 역할을 수행하는지 간략히 살펴보고자 한다. 개별 교육과정에 대한 자세한 사항은 제Ⅴ장에서 논의하기로 한다.

〈그림 Ⅲ-20〉 HyFA 교육제도의 구성

리더십 아카데미(leadership academy)는 개인의 역할과 책임에 적합한 관리 역량과 리더십을 함양하기 위한 교육과정이다. 리더십 아카데미는 직책에 따라 개인의 역량을 강화하기 위하여 승진자 과정과 조직장 과정을 대상자들에게 필수로 이수하도록 한다. 또한 직무에 따라 차별화된 직무리더십 과정을 온라인 또는 오프라인 선택과목으로 운영하고 있다. 우수사원으로 선발된 인원이 참가하는 영 포럼과 리더십 포럼을 포함하여, GE 리더십 과정과 해외 대학 단기연수와 같은 다양한 선발형 리더십 과정도 제공하고 있다.

마지막으로 글로벌 아카데미(global academy)는 현대카드·현대캐피탈의 해외사업전략에 부합하고 국제적 안목이 있는 글로벌 금융전문가를 육성하기 위한 프로그램이다. 글로벌 아카데미는 다양한 외국어 학습과 관련된 선택과정을 개설하고, 선발과정을 거친 사원에게 참여 기회가 주어지는 원어민 강사에 의한 외국어 합숙 과정, 우수사원 해외연수와 글로벌 배낭여행으로 구성되어 있다.

(5) HyFA 교육제도의 성과

매년 전 사원을 대상으로 실시하는 직원만족도조사(ESI)에 따르면, 교육 부문의 개선 추이는 특히 두드러진다. 기존의 교육체계가 HyFA 교육제도로 개편되고 사원 역량 강화를 위한 육성형 평가제도와 맞물려 시행되었던 2006년을 기점으로 HyFA 교육제도에 대한 사원들의 만족도는 가파르게 향상되고 있다.

2006년 교육과 복리후생을 아우르는 '인적자원관리(2)' 부문의 전체 평균은 '보통'에 가까운 3.10이었다. 사원들의 능력개발에 대한 전사적인 관심과 지속적인 투자가 있어왔는지를 묻는 문항(능력개발 투자)은 2007년 3.47에서 2009년에는 0.3포인트 향상된 3.77로 측정되어 설문에 응답한 과반수의 사원들이 만족감을 표시한 것으로 나타났다. 또한 HyFA 교육제도가 실제 업무능력 향상에 도움을 주었는지를 묻는 문항에서도 2007년 수치와 비교해 0.28포인트 개선된 3.71을 나타내 HyFA 교육제도가 사원의 직무역량 강화에 기여하고 있는 것으로 판단된다. 그뿐만 아니라 설문에 참가한 응답자들은 HyFA 교육제도가 프로그램의 다양성과 체계화된 교육구

〈그림 Ⅲ-21〉 교육 부문의 직원만족도 개선 추이

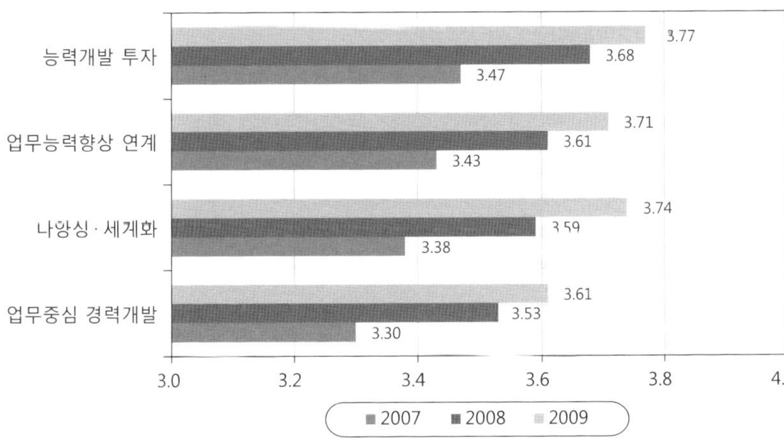

성 면에서 지속적으로 개선되고 있다는 데 긍정적인 반응을 보이고 있는 것으로 나타났다. 2007년 3.38이던 다양성·체계화에 대한 만족도는 2009년에 0.36포인트 개선된 3.74를 나타내, 많은 사원들이 HyFA 교육제도의 질적·양적인 발전에 높은 점수를 부여했다. 다만, 그룹별 면담에서 현재 고성과자 위주로 운영되고 있는 선발형 교육과정을 더욱 확대하여 수혜자 비율을 높이기를 희망하는 의견이 있었다.

(6) HyFA 교육제도의 개선방안

개인과 조직의 인적 경쟁력 향상을 최우선과제로 삼고 2006년 육성형 평가를 도입한 이래 HyFA 교육제도에도 그간 많은 개선 노력이 있었다. HyFA 교육제도가 사원들에게 비교적 높은 만족감을 주고 개인의 직무역량 강화에 크게 기여하게 된 데에는 2008년 인적자원개발(HRD) 10대 중점 추진과제를 성공적으로 실행에 옮긴 결과라고 볼 수 있다. 현대카드·현대캐피탈은 'Beat the Banks!'를 실현하는 데 있어 자원을 기반으로 한 경쟁 우위의 확보가 무엇보다 중요하다는 방향을 설정하고, 특히 글로벌 금융인재 양성에 심혈을 기울여왔다.

2008년 인적자원개발(HRD) 10대 중점 추진과제는 대략 필수교육과 선발교육의 내용(contents)을 강화하고 선택과정의 방법론 혁신과 교육내용을 확대하는 한편, 인적자원개발 기능의 인프라를 개선하고 사원에 대한 HyFA 교육서비스를 개선하는 데 있다.

선발교육의 질적인 향상을 위해 먼저 리더십 포럼과 영 포럼에서는 전략기획실에서 도출한 전략 방향과 키워드를 바탕으로 발표 주제를 선정하고 전략공유세션을 강화하여 전사적으로 일관된 방향으로의 업무추진이 가능하도록 했다. 필수교육과정에 있어서 직급별로 요구되는 역량을 분석하여 차별화된 승진자 교육과정을 구성하였다. 그리고 공통역량에 근거한 필수교육과정을 개발하여 현대카드·현대캐피탈이 강조하는 창의성과 책임감, 팀워크와 윤리성에 대해 전 사원의 인지도와 이해도를 높였다.

선택교육에 있어서도 커리어마켓을 보완하는 직무교육을 설계하여 부문별, 주요 직무별 기초직무과정을 개발하였다. 이에 따라 커리어마켓을 통해 이동한 신규 업무 배정자의 업무적응력을 향상시키고, 실·본부 신입사원의 현장교육(OJT) 자료로도 활용할 수 있도록 했다. 뿐만 아니라 기존에는 선발된 우수사원들을 대상으로 이루어지던 GE 연계 교육을 선택교육으로 개설 가능한 과정을 신설하여 선택교육의 영역을 확대함과 동시에 GE의 우수 직무교육에 대한 사원들의 접근성을 강화하였다.

인력개발에 있어서 사내 강사 육성제도를 정착시키고 학습관리시스템(learning management system)을 ERP와 연계하여 구축하여 효율적인 교육훈련 운영이 가능하도록 했다. 기존에 사내 강사의 체계적인 육성이 미흡했던 것에 대응하여 사내 강사의 역량 강화 프로그램을 개발하고, 인력개발팀 교육 담당자의 1인 1강사 자격증 취득을 추진하였다. 이로써 업무와 관련된 전문지식을 효과적으로 사내 공유할 수 있고, 외부 위탁 비용도 감소하게 되었다. 또한 학습관리시스템의 구축으로 임직원의 학습계획과 자기개발계획이 적절히 연계되었으며, 교육행정업무와 관련하여 실시간 관리·감독 기능이 강화되어 담당자의 업무 효율이 제고되었다.

또한 현대카드·현대캐피탈은 사원들을 대상으로 HyFA 교육제도에 대한 홍보와 교육과정 안내 서비스를 강화하여 임직원의 교육에 대한 관심도를 증가시키고자 했다. 홍보팀 뉴스레터와 연계하여 HyFA 뉴스레터를 발행해 교육운영 현황과 신규 개설 과정을 안내하고, HyFA 과정 안내서도 연 1회 갱신해 교육체계와 연간 일정, 교육과정에 대한 정보 등을 제공해오고 있다. 그리고 분기 1회 전사 공지를 통해 개인 이수 학점과 보유 포인트를 공개해 주도적인 교육 참여가 이루어지도록 했다. 또한 교육과정 운영절차를 전반적으로 개선하여 교육과정의 사전·사후 관리절차를 확립하였다. 이에 따라 교육과정별로 사전학습이 지원 가능한지 검토할 수 있게 되어 교육 효과의 증대를 가져왔고, 교육만족도 조사기법을 체계화하여 교육 참여자의 의견이 반영된 개선안의 적용이 용이하게 되었다.

2009년 7월부터 시행하고 있는 스터디마켓(study market)은 HyFA 교육제도에 있어서 최근 개선된 사항이다. 커리어마켓의 핵심개념인 시장원리

〈그림 Ⅲ-22〉 사이버 HyFA 시스템의 메인 화면

를 차용해 교육체계에 적용한 스터디마켓은 새로 개설된 교육과정을 열람할 수 있는 Study Posting, 사원이 새로 개설되기를 희망하는 교육과정을 직접 요청할 수 있는 Study Request, 교육과정을 이수한 사원의 피드백을 게시하고, 이수를 희망하는 사원 간에 쌍방향 커뮤니케이션이 가능하게 하여 교육훈련에 대한 접근성을 높인 My Recommend, 그리고 교육훈련과 관련된 개인 종합정보를 열람할 수 있는 Study Account로 구성된다. 스터디마켓을 도입한 후 교육에 대한 임직원들의 관심이 크게 증가하였고, HyFA 교육제도에 대한 직원만족도가 전반적으로 개선되었다. 인적자본개발(HRD) 교육 담당자는 사용자 의견이 더욱 강조된 교육제도 개선안을 수립하는 계기를 마련하였다. 현재 전자책(e-book)으로 된 교육과정 안내서를 사원들에게 제공하고 있다.

4) 조직문화

(1) 조직문화의 배경

현대카드·현대캐피탈이 2003년을 기점으로 구축해온 독특한 조직문화는 오늘날의 경영성과를 이루는 데 크게 기여하였다. 2001년 시작되어 2003년까지 한국 경제에 큰 부담을 안겨주었던 신용대란은 당시 경영위기에 직면해 있던 현대카드·현대캐피탈에게 커다란 도전이 되었다. 은행과 증권업계와 비교되어, 제2금융권이라는 다소 특수한 경영환경에서 벤치마킹할 만한 주요 경쟁사가 없었기 때문에 창의성은 현대카드·현대캐피탈이 향후 끊임없이 추구해야 하는 가장 중요한 조직역량 중 하나가 되었다.

2003년부터 현재까지 현대카드·현대캐피탈을 성공적으로 이끌어오고 있는 정태영 사장은 취임 초부터 창의력과 엄밀함을 바탕으로 '금융을 바꾸는' 차별화된 상품과 서비스를 강조했다. 이에 따라 이른바 'Science in a Tiffany Box'(겉으로는 화려한 금융회사의 이면에는 과학적 분석과 준비가 늘 필요하다는 의미) 원칙에 입각하여 사업전략을 뒷받침할 만한 인재육성과 창조적 조직문화에 대한 필요성은 더욱 부각되었다. 조직역량의 확보와 새로운 경영 패러다임을 반영한 조직문화의 구축은 단기적으로 기업회생에 실마리를 제공하고, 장기적으로는 경쟁사들이 모방하기 쉽지 않은 경쟁우위를 가져다준다는 점에서 매우 중요한 의의를 가진다.

현대카드·현대캐피탈의 조직문화는 궁극적으로 인재중시 이념을 기저로 개방성을 지향하고, 다양성을 존중하며, 업무능률에 초점이 맞춰진 일하기 좋은 업무환경을 추구하는 데 있다. 이를 위해 직무성과 중심의 인사체계를 구축하고, 다양한 경력을 가진 유능한 인재를 외부로부터 채용하는 한편, 원활한 계층 간 의사소통을 장려하였다. 또한 효율성을 지향하고 권위와 형식은 철저히 배제하면서, 자유로운 사고를 이끌어내는 난상토론을 일상화하고 실행에 초점이 맞춰진 계획을 장려했다. 뿐만 아니라 높은 수준의 기업윤리 기준을 마련하여 자유롭고 창의적인 업무 분위기를 조성하는 가운데 원칙이 살아 있는 조직문화를 이루어냈다.

(2) 조직문화구축활동

현대카드·현대캐피탈은 4대 경영방침과 공통역량을 기반으로 조직구성원의 행동 변화를 이끌어내고, 'Great Company'의 비전 제시를 통한 임직원 간의 가치공유로 '사원들이 자랑하는 조직문화'를 형성하고자 하였다. 이를 위해 창의성과 책임감, 팀워크와 윤리의식을 골고루 갖춘 인재를 육성하면서 전략과 혁신, 변화와 스피드가 강조되는 역할행동이 촉진되도록 제도를 정비했다.

현대카드·현대캐피탈은 무관용 원칙(zero tolerance policy)에 의거한 윤리경영을 추구하고 다양한 준법활동을 마련하여 임직원이 수준 높은 기업윤리 운영에 대한 일체감을 갖도록 하고 있다. 또한 기업이미지가 반영된 독자적 디자인의 사무용품을 사용하도록 하고 모든 제작물의 이미지를 통일하여 현대카드·현대캐피탈이 추구하는 가치가 일관된 메시지로 전달되도록 한다. 한편 임직원 쇼핑몰을 운영하여 회사가 권장하는 스타일의 복장을 구입하여 자유롭게 착용할 수 있도록 하며, '현대카드·현대캐피탈

〈그림 Ⅲ-23〉 조직문화구축활동

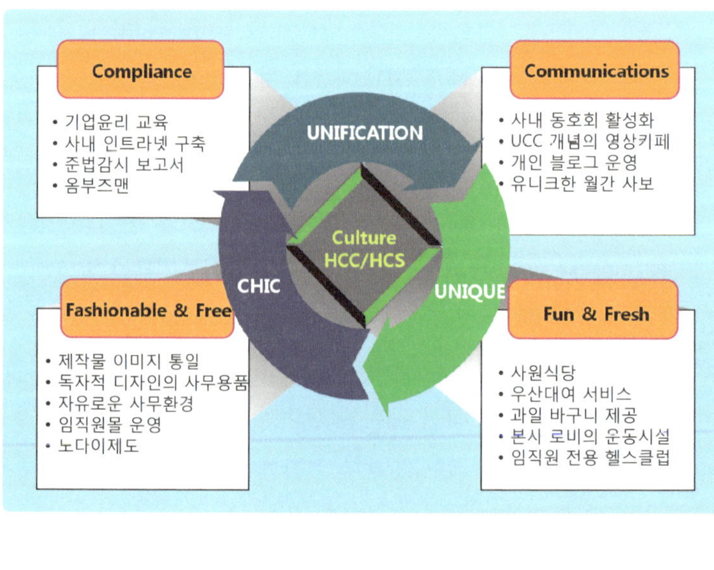

스러움'이 강조된 휴게공간을 조성하여 세련되고 선도적인 금융인으로서의 조직생활을 추구하도록 하고 있다.

현대카드·현대캐피탈은 개인과 그룹 간 커뮤니케이션을 강화하기 위하여 다양한 종류의 사내 활동을 지원하고 인트라넷과 연계된 커뮤니티를 활성화하여 사원들이 즐거운 회사생활을 할 수 있도록 지원하고 있다. 또 수준 높은 사원식당을 운영하고 본사 로비의 운동시설과 호텔 수준의 전용 헬스클럽을 자유롭게 이용할 수 있도록 하는 등 임직원의 복리후생에도 신경을 쓰고 있다.

아울러 현대카드·현대캐피탈은 통일성(unification), 세련됨(chic)과 독특함(uniqueness)이 조직문화에 나타나게 하기 위해 다양한 활동을 전개하고 있다. 이하에서는 다양한 조직문화활동을 살펴보고 '일하기 좋은 회사(great workplace)' 구축활동을 중심으로 조직문화를 소개한다.

① 윤리경영

현대카드·현대캐피탈의 조직문화를 독특하게 하는 특징 중 하나가 타협할 수 없는 원칙과 자유로움의 공존이다. 이것은 화려함 속에 감춰진 과학적 정교함을 상징하는 'Science in a Tiffany Box'와 유사한 개념으로 양립하기 어려운 서로 다른 가치를 높은 수준에서 동시에 추구하는 현대카드·현대캐피탈만의 조직역량이라고 볼 수 있다. 창조성과 혁신을 강조하고 다양한 의견을 존중하는 조직문화를 내세우고 있지만, 이른바 '무관용 원칙(zero tolerance policy)'을 세우고 정보보안과 성희롱예방, 협력업체와의 거래투명성과 관련된 위반사항에 대해서는 지위 고하를 막론하고 철저히 책임을 묻겠다는 윤리경영(compliance)을 실천하고 있다. 현대카드·현대캐피탈은 윤리경영을 통하여 법적 책임을 준수할 뿐만 아니라, 사회가 요구하는 윤리적인 기대를 기업경영에 자발적으로 반영하여 위험(risk)에 대한 노출을 최소화하고 궁극적으로 회사 이익의 극대화에 기여하고 있다.

윤리경영을 위해 사후 처벌에 관한 기준보다 사전예방의 노력이 단연 돋보인다. 사내 인트라넷에 윤리경영 전용 게시판을 구축하여 끊임없이 관련

내용을 전파하고 있다. 정태영 사장이 직접 윤리경영의 필요성을 피력하는 CEO 인사말을 시작으로 매월 전사적인 준법감시 보고서가 작성되어 사내 인트라넷에 공지된다. 또한 내부고발제도와 금품수수 신고제도를 마련하고 윤리경영에 대한 테마 교육을 팀별로 매월 실시하고 있다. 게다가 윤리경영의 로고와 포스터를 제작하여 준법에 대한 주요 커뮤니케이션 도구로 활용하고 있다. 투명성·공정성·적법성·합리성을 핵심개념으로 그에 맞는 로고를 고안해 윤리경영 포스터를 만들어 배포하는 한편, 임직원 개인 출입증과 함께 휴대할 수 있도록 카드 형태로 제작·배포함으로써 윤리경영에 대한 중요성을 일관되게 강조할 수 있도록 하였다.

조직문화의 근간이 되는 윤리경영을 확립하기 위해 HyFA 제너럴 아카데미에서 윤리경영에 관한 온라인 과정과 오프라인 과정이 모두 필수과정으로 분류되어 모든 사원이 반드시 이수하도록 하고 있다. 뿐만 아니라 현대기아차그룹 9명과 GE 5명으로 구성된 준법감시위원회를 정기적으로 열어 정책방향을 결정하고 내부 감사 결과를 검토하여 윤리경영에 있어 투명성과 객관성을 확보하고 있다.

② 커뮤니케이션

원활한 의사소통(communications)과 부서 간 협조를 위해 현대카드·현대캐피탈은 Home & Away와 Market Place라는 제도를 시행하고 있다. Home & Away는 각 본부의 본부장과 실장급 임원이 타 본부를 방문하여 반나절 동안 해당 본부의 업무와 활동에 대해 자세히 설명을 듣는 제도다. 이를 통해 부서 간, 임원 간에 상대 부서의 업무에 대한 이해를 넓히고 부서 간의 정보교환과 업무협조를 증진할 수 있는 방안을 모색한다. 또한 넓어진 이해를 바탕으로 임원회의에서 전사적 관점의 진솔한 토론과 통합적 의사결정이 촉진되는 장점이 있다. Home & Away는 2009년 4월에 시작되어 매년 3회씩 운영되고 있으며 부서 간의 이해를 높이고 장벽을 낮추는 데 결정적 기여를 하고 있어 매우 중요한 제도로 자리매김을 하고 있다.

또한 매월 한 번 여의도 본사 10층 컨벤션홀에서는 Market Place라고 불

〈그림 Ⅲ-24〉 Market Place: 임원합동근무

리는 제도를 통해 50여 명의 임원들이 한자리에 모여 합동근무를 함으로써 협업을 독려하고 있다. 사장과 중역들이 한 사무실에서 근무하는 일본 자동차회사 혼다(Honda)의 사례를 벤치마킹하여 정태영 사장이 제안한 Market Place는 말 그대로 '장터'를 의미한다. 그러나 물건을 사고파는 대신 임원들이 오후 반나절 동안 합동근무를 하며 생각을 공유하고 정보를 교환할 수 있도록 하고 있다. Market Place는 모든 결재와 대부분의 업무가 디지털화되어 같은 건물에서 근무하더라도 업무적으로 별로 마주칠 일이 없는 임원들의 협업을 위해 도입한 제도라 할 수 있다. 이러한 Market Place 제도에는 '아날로그 감성을 잊어선 안 된다'는 정태영 사장의 경영철학이 반영되어 있다. Market Place는 임원들 간의 이해를 넓히고 아이디어 공유를 촉진하여 임원 간, 부서 간 장벽을 낮추는 데 크게 기여한다는 평가를 받고 있다.

이 밖에도 현대카드·현대캐피탈은 '임원과의 대화'나 '현장근무제도' 같은 임원 참여 프로그램도 시행하고 있다. 이들 프로그램을 통해 사원들의 의견을 직접 수용하고, 거점근무를 통해 업무현황과 애로사항을 파악하도록 하고 있다. '임원과의 대화'는 월 2회 소속이 다른 사원 1명과 사원 8명에게 중식을 제공하고, 점심시간을 이용하여 자유로운 주제의 대화로 자율

적 운영에 맡기고 있다. 임원과 사원과의 커뮤니케이션을 강화하여 '벽 없는 조직'을 추구하고 임직원 상호 간에 'Great Company'를 위한 공감대를 형성하도록 한다. '현장근무제도'는 본사에 근무 중인 실·본부장과 팀장을 대상으로 현장근무를 통해 거점업무 현황과 애로사항을 수집하여 조치하도록 하고 있다. 연 1회 상반기 중 1박 2일에 걸쳐 현장근무제도를 실시하고 있으며, 참여하는 조직장은 지점장 또는 채권센터장의 역할을 수행하고 부서장은 영업사원 또는 채권 회수 업무를 경험해 보도록 한다. 매년 현장근무제도를 통해 수집된 거점별 애로사항에 대해서 체계적으로 대응하고 있다.

현대카드·현대캐피탈은 이와 같은 업무 관련 커뮤니케이션 활성화 외에도 업무 외적인 각종 활동을 통해 임직원들 간 자연스러운 커뮤니케이션의 장을 마련하고, 이를 바탕으로 조직구성원 사이에 이해와 교류를 증대시키는 데 주력해왔다. 이를 위해 테마별 사내 동호회와 온라인 소모임이 활성화되는 한편, 사내 UCC(user-created contents)와 영상카페, 개인 블로그와 같은 멀티미디어를 이용한 사원의 자발적인 커뮤니케이션이 많은 호응을 얻고 있다. 그리고 '현대카드·현대캐피탈스러움'이 강조된 사보를 매월 발행하여 의사소통 채널을 다각화하고, 소통이 원활한 조직문화 정착을 위한 노력을 기울이고 있다.

또한 현대카드·현대캐피탈은 스포츠, 레저, 웰빙을 키워드로 20여 개의 다양한 공식 동호회활동을 장려하고 있다. 마라톤과 축구, 그리고 농구와 같은 사내 스포츠팀을 비롯하여 등산, 스쿠버다이빙, 바다낚시와 같은 레저활동, 그리고 와인, 꽃꽂이, 요가와 같은 소모임에 이르기까지 다양한 여가활동을 지원하여 건전한 조직문화 형성에 기여하고 있다. 각종 동호회활동의 원활한 운영을 위해 현대카드·현대캐피탈은 1인당 회비와 동일한 5,000원을 각 동호회의 회원 수에 따라 지원하고, 월 50만 원 한도 내에서 활동비를 지급하고 있다. 이 외에도 보스턴 마라톤 대회와 같은 대외 행사 참가비용과 전문강사의 초빙비용을 추가로 지원하고 있다.

오프라인 동호회활동뿐만 아니라 사내 인트라넷 CUBE에 마련된 온라인 소모임활동 또한 임직원 간 자연스러운 커뮤니케이션을 유도하고 있다. 현

〈그림 Ⅲ-25〉 사내 인트라넷의 개인 블로그

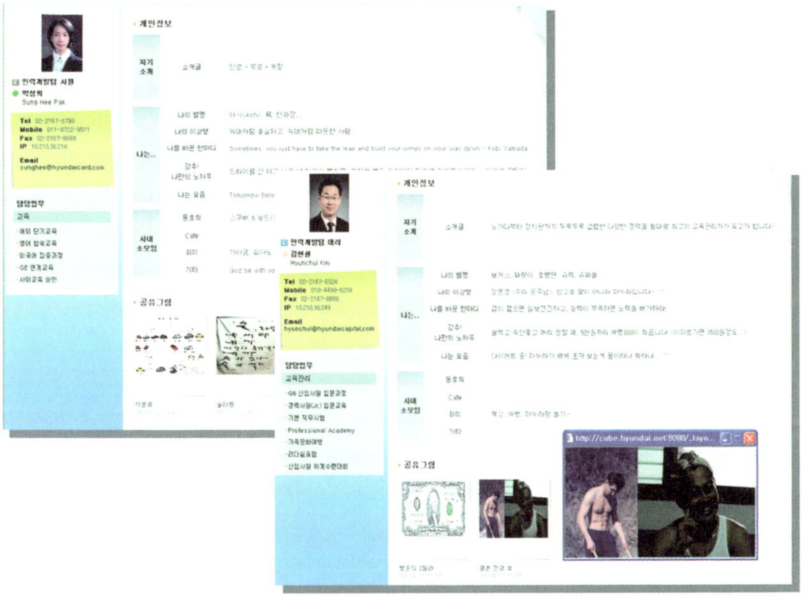

재 36개의 업무별 모임과 15개의 취미별 모임으로 구분되어 총 51개의 온라인 소모임(Cube café) 활동이 활성화되어 있다. 특히 사내 UCC와 영상카페제도를 운영하여 부서별 행사나 동호회활동 내용을 영상물로 제작해 전 사원이 사내 소식을 보다 쉽고 생동감 있게 공유할 수 있도록 하였다. 사원들이 활동 영상을 녹화한 후 상영 요청을 하면 저정성 심의와 편집을 거쳐 CUBE 내 영상카페와 본사 사원식당에서 상영된다. 현대카드·현대캐피탈은 촬영 비품과 편집비용 일체를 지원하고 있다.

CUBE 내 개인 사이트 기능을 신설하여 기존에 직책, 성명, 그리고 소속과 같은 단편적인 인적 사항만을 토대로 인간관계를 형성하던 관행을 개선하여 임직원 간 자연스러운 커뮤니케이션을 유도하고 사내 개인 블로그의 활성화에 힘써오고 있다. 개인 블로그를 통해 임직원은 개인정보를 콘텐츠화하여 공개할 수 있도록 하여, 창의성을 발휘해 자신의 개성을 표출하고, 직급과 소속에 구애받지 않는 인적 네트워킹이 가능하도록 했다. 현재 개인 블로그는 인적 정보의 공개와 타인에 대한 정보 열람이 주요 기능이지만, 향후 업무 부서와 사내 소모임과 연계를 강화하여 조직구성원 간 쌍방향 커뮤니케이션을 개선할 계획이다.

③ Fashionable & Free

회사 내의 모든 제작물은 현대카드·현대캐피탈의 이미지에 맞게 제작되어 선도적이고 세련됨을 강조하는 조직문화에 대한 통일성을 강화한다. 브랜드 관리팀을 운영하여 제작물 디자인 요청 및 검수가 이루어지도록 하며, 회사의 올바른 기업이미지 확산을 촉진시킨다.

신입사원에게는 현대카드·현대캐피탈의 모던한 이미지가 강조된 Welcome Kit를 제공한다. Welcome Kit에는 각종 개인 사무용품과 함께, 신규입사자 안내서와 평가제도 안내서 그리고 사보와 정태영 사장의 축하서신을 동봉하여 기업이미지에 대한 인식을 제고하고, 공유가치에 대한 이해도를 향상시킬 수 있도록 한다.

조직문화를 구축하는 데 있어 공유가치에 대한 일관된 메시지 전달을 거듭 강조하는 현대카드·현대캐피탈은 간단한 비품의 제작 과정에까지 나타나고 있다. 브랜드관리팀에 의한 제작물 디자인과 시안에 대한 검수를 통하여 업무수첩에서부터 종이컵에 이르기까지 '현대카드·현대캐피탈스러움'이 묻어나는 사무용품을 제공하고 있다.

선진적이고 진취적인 문화를 조성하기 위해 복장규정은 기업문화 구축활동에서 중요한 역할을 차지하고 있다. 노타이(no-tie) 정책을 원칙으로 전 임직원이 세련된 금융인의 이미지를 지향하도록 권장하고 있다. 이를 위해 임직원을 대상으로 전문 외부강사에 의한 스타일링(styling) 강좌를 정기적으로 열어 소양을 갖추게 하는 한편, 임직원 전용 온라인 쇼핑몰을 운영해, 현대카드·현대캐피탈이 추구하는 이미지와 부합하는 다양한 의류제품을 구입할 수 있도록 하고 있다. 임직원 전용 쇼핑몰에서는 의류제품뿐만 아니라 외부 하청업제에 의해 운영되는 구매 사이트와 연결되어 각종 소모품과 당비류를 싸고 손쉽게 구입할 수 있도록 구비해놓고 있다.

〈그림 Ⅲ-26〉 신입사원 Welcome Kit와 사무용품

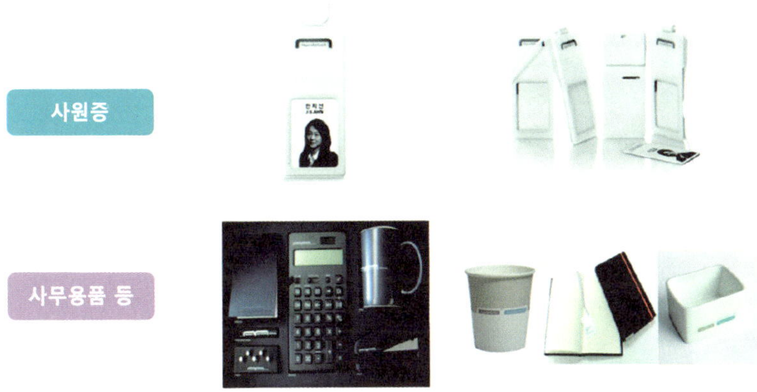

〈그림 Ⅲ-27〉 임직원 쇼핑몰의 메인 화면

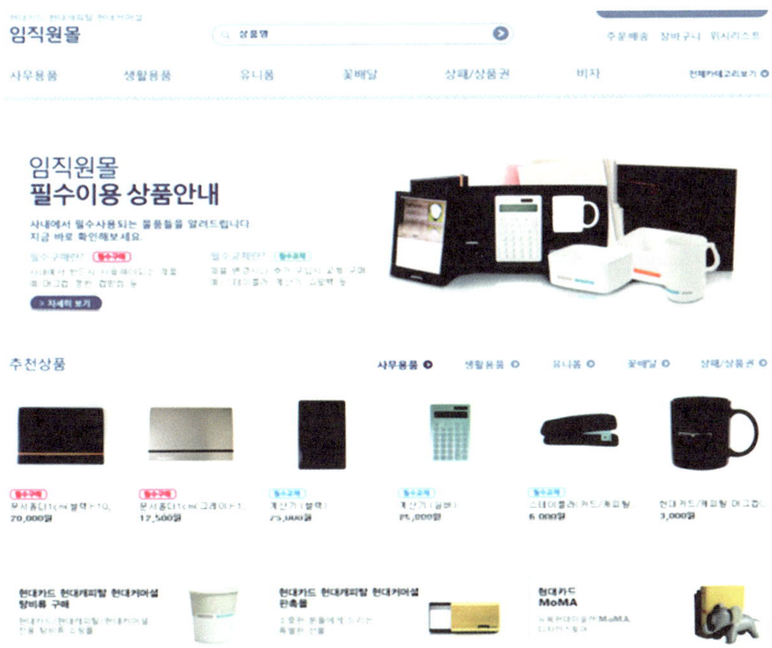

〈그림 Ⅲ-28〉 본관의 다양한 레저시설

• 자전거

• 탁구대

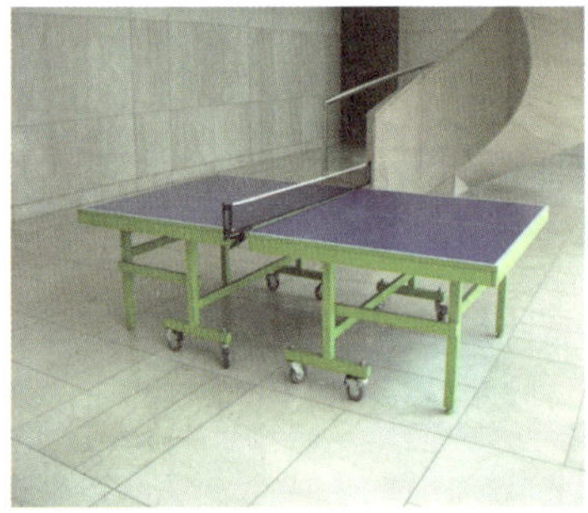

• 크로켓

• 사커 테이블

④ Fun & Fresh

현대카드·현대캐피탈은 전 임직원에 대해서 선도적이고 세련된 금융인으로서 소양을 갖출 것을 요구하지만, 행복하고 즐거운 조직문화를 위한 세심한 배려를 아끼지 않고 있다. 이런 문화가치의 공유를 통해 창조적이고 혁신적인 기업문화를 구축하며, 궁극적으로 'Great Company'의 비전을 달성함과 동시에 사원들이 자랑하는 조직문화를 형성하려는 것이다.

먼저, 즐거운 식사를 위해 수준 높은 사원식당을 운영하고 있다. 총 4종의 다양한 메뉴 구성을 통해 자신의 기호에 맞게 식사를 할 수 있도록 하며, 한식과 일식·중식 외에도 바쁜 임직원을 위해 퀵메뉴(quick menu)와 샌드위치를 구비해놓고 있다. 식당 입구에 전광판을 설치하여 잔여식 알림 서비스를 실시하고, 출구에는 임직원들이 당일 식사에 대해 평가할 수 있도록 하여 효과적인 식당 운영과 식단 수립이 가능하도록 했다. 현대카드·현대캐피탈의 독특함이 묻어나는 사원 휴게실은 각 층에서 가장 전망 좋은 위치에 설치하고 커피, 차 등을 상시 구비해놓고 있다. 또한 우천 시에는 본사 로비에서 우산대여 서비스를 실시하여 외부 근무자를 지원하고, 점심시간에는 로비에서 신선한 과일을 제공한다. 그리고 자전거와 탁구대와 같은 다양한 레저시설을 본사 로비에 비치해놓고 사원들이 점심시간과 휴식시간에 자유롭게 이용할 수 있도록 한다.

⑤ 일하기 좋은 기업 추진활동

현대카드·현대캐피탈은 가치창출과 커뮤니케이션 채널 다각화를 통한 조직활성화를 위해 다양한 활동전략을 수립해왔다. '벽 없는 조직 구축'을 주요 방향으로 설정하고, 경영진과 전 사원이 조직의 비전과 목표를 공유할 수 있도록 대화의 장을 마련하였다. 각 실과 부서, 거점조직의 성공사례를 토론하고 확산시킴으로써 개인의 업무능력 향상과 경영혁신을 꾀하는 한편, GE의 성과주의 문화를 벤치마킹하여 인적 경쟁력을 향상시켰다. 또한 금융전문지식, 각종 자격증제도, 교양 콘텐츠 개발로 지식근로자(knowledge worker)로서 자발적인 자기개발 동기를 부여하고, 스포츠·레저·취미활동을 아우르는 다양한 사내활동과 문화 콘텐츠 참여 유도로 일체감과 소속감을 고취시켰다.

일하기 좋은 기업(great workplace) 추진활동은 대내적으로 '현대카드·현대캐피탈스러운' 조직문화를 형성하여 회사가 추구하는 'Great Company'의 비전과 사업목표 달성을 뒷받침하고, 인재관리에서 업계의 선도적인 자리를 구축하여 일하고 싶은 기업으로서 전반적인 매력을 고양시키는 데 목적이 있다. 이를 위해 독득함·세련됨·통일성을 추구하는 조직문화 구축활동을 전개해왔을 뿐만 아니라 이런 공유가치의 확산을 촉진시킬 수 있는 다양한 활동을 시행해왔다. 예를 들어, CLB(Change Leader Board)라 불리는 사원주도의 상향식 혁신기구를 설치하여 업무절차 개선과 조직혁신을 도모해왔다. Women's Network를 운영하여 지속적인 여성인력 특화교육과 모임을 실시하는 한편, 임직원과 가족이 함께 참여하는 각종 프로그램과 세계화 진작의 일환으로 글로벌 배낭여행을 적극 지원하고 있다. 아래에서는 이러한 프로그램에 대해 자세히 살펴본다.

먼저, CLB(Change Leader Board)는 경영진의 경영정책과 혁신의지를 전파하고 사원들의 의견을 수집하여 전달하는 가교역할을 하는 기구로서, 2002년 변화에 대한 공감대 형성을 위한 현대캐피탈 CLB 1기 출범을 시작으로 그 영역을 확대해오고 있다. 5급 사원부터 과장급 이하 사원까지를 대상으로 조직별·성별 균형을 고려하여, 각 사별로 12명씩 CLB 리더를 선발한다. 리더 선발은 추천과 인사평가결과, 그리고 제안 건수와 HyFA 참여 이력을 바탕으로 개별 성향 평가세션을 통하여 객관적으로 선발하고 있다. CLB 리더의 임기는 2년이며, 1년 주기로 6명씩 교체하는 방식으로 운영하고 있다. CLB에 다양하고 많은 인력이 참여할 수 있도록 리더의 연임을 금지하고 있다.

매월 둘째 주 금요일과 토요일 1박 2일에 거쳐 진행되는 CLB 워크숍 활동을 중심으로 주요 안건 토론과 의견 교류를 실시하고, 현장의 목소리(voice of employees)를 수집하며 경영진 간담회를 열어 업무절차 개선과 경영혁신, 그리고 인사·복지제도의 개선에 기여해오고 있다. 2006년부터 CLB 리더의 역량 강화를 위한 교육을 실시하고 있으며, 2007년에는 온라인 CLB 센터를 개설해 리더들의 CLB 활동을 지원하고 사원들의 다양한 의견 수집의 효율성을 제고하였다.

2002년 현대캐피탈 CLB 1기 출범을 시작으로 변화에 대한 공감대를 형성한 이후 2003년에는 총 21개의 안건이 경영정책에 반영되었다. CLB는 양적·질적 성장을 매년 거듭하여 2006년에는 전년 대비 1.9배 증가한 109개의 안건이 접수되었고 그중 66%가 실시되었다. 2007년에도 동일한 109건이 제안되었지만 실시율이 전년보다 17%가 증가한 77%를 기록해, CLB는 전 사원을 대변하는 대의기구로서의 역할을 수행하고 제도개선에 많은 기여를 하고 있는 것으로 나타났다. 예를 들어, 식당 내 잔여식 숫자를 기록할 수 있도록 한 전광판은 식당 이용 편의 개선을 위한 CLB 안건 중 하나였다. 그리고 사내 인트라넷인 CUBE상에서 고용형태에 따라 파견, 계약, 4급 등 사원들이 다양하게 호칭되는 것을 개선해 '사원'으로 통일하여 사원들의 일체감을 조성했다. 또한 CLB는 사이버 아카데미의 수강 권한을 파견직 사원에게까지 확대했으며, 개인역량평가에 대한 항목별 세부 평가내용이 사원들에게 공개되도록 평가절차를 개선했다. 뿐만 아니라 성희롱 상담과 관련, 여성 전용 상담 채널의 부재로 제도의 실효성이 저하되는 것을 방지하기 위해, 현재 여성 성희롱 상담위원을 각 사별로 2명씩 위촉하여 운영 중이다.

2008년에는 제출된 총 75건의 제안 안 중 46건이 채택되었다. 그 내용은 본사 안전시설 확충안과 학자금 지원 확대, 장애인 자녀 교육비 지원 등이다. 이는 2007년 총 109개의 안건에 비해 양적으로는 감소한 추세나 현대카드·현대캐피탈은 CLB 운영에 있어서 양적인 성장보다는 직원의 역량 향상을 위한 핵심제도로 활용하여 내실을 기하겠다는 의지를 내비치고 있다. 사내 커뮤니케이션을 활성화시키고 제도와 기업문화 개선을 목적으로 출범한 CLB는 전략과제 수행을 위한 인재육성 측면을 강화하기 위해 최근에 운영방식을 대폭 변경했다. 집단토론으로만 운영되었던 워크숍 운영방식을 집단토론과 팀 단위 프로젝트 수행으로 확대하고 안건화와 제안에 그치던 과거와 달리 임원에게 보내는 보고서까지 작성하도록 하고 있다. 이를 지원하기 위해 참여자들을 대상으로 비즈니스 교육은 물론 역량 향상 교육까지 실시하고 있다. 이로써 CLB는 현장의 소리를 수렴하는 커뮤니케이션 채널로서의 역할뿐만 아니라, 팀 단위 프로젝트의 반복적 훈련을 통한 문제해결과 프로젝트 진행 역량 배양에 중점을 두고 있다. 따라서 기존에 주를 이루었던 팀 수준의 프로세스나 사업의 단순 개선사항을 넘어 실·본부 이상의 선사적인 영향을 끼칠 수 있는 이슈를 지속적으로 발굴하고 근본적이며 통합적인 해결안을 제시하는 데 집중하고 있다.

현대카드·현대캐피탈은 일하기 좋은 기업(great workplace)을 달성하고 남녀평등의 조직문화를 이루기 위해 여성 사원들에 대해서도 특별한 배려와 관심을 가지고 있다. 회사에서는 여성 사원을 '여사원'이라고 호칭하는 것을 지양하도록 권고하고 있다. 성별에 관계없이 현대카드·현대캐피탈의 임직원은 조직구성원이 통일된 정체성을 공유한다는 의지의 표현이다. 여성 인력의 개발을 위해 현대카드·현대캐피탈은 Women's Network를 적극적으로 운영함으로써 여성 리더 양성에 주력하고 있다. Women's Network의 다양한 프로그램을 통해 여성 인력의 업무역량 향상에 기여하고, 사업과 경영 전반에 대한 이해도를 높이도록 하고 있다. 또한 지식·교양강좌와 연계된 코칭(coaching)과 리더십 세미나를 열고 임원과의 멘토링을 실시해 회사 내 인적 네트워크의 구성과 강화를 도모하고 있다.

Women's Network의 프로그램은 여성 인력을 위한 특화 교육은 크게 다섯 가지로 운영되고 있다. 먼저, Business Session은 각 기능별로 해당 실장 또는 팀장이 수행업무와 새로운 전략과 운영절차를 소개하여, 회사 업무에 대한 이해도를 진작시키고 비즈니스 마인드를 개발할 수 있도록 한다. 또한 지식·교양강좌와 연계하여 코칭과 리더십 향상 세미나를 열어오고 있다. 정태영 사장을 비롯하여 임원 또는 외부 명강사를 초청하여 여성 인력의 관심도를 증대시키고 프로그램의 질을 향상시키고 있다.

Skill-Set Training 프로그램은 여성 인력의 직무역량 강화에 많은 기여를 하고 있다. 의사소통과 발표 같은 다양한 비즈니스 스킬 향상을 위한 전문가 강의와 토론 형식의 교육을 병행하며, 분임조 실습을 통해 프로그램의 실효성을 높이고 있다. 또한 Study Function Group을 자체적으로 운영해 희망자를 중심으로 마케팅, 영업, 재무, 인사 등 기능별 스터디 운영을 장려하여 관심 분야에 따른 네트워크 형성과 경영지식 함양에 기여하고 있다. 마지막으로, 멘토링 프로그램은 임원과 여성 사원을 연결하여 업무에서부터 경력개발에 이르는 다양한 주제의 상담 및 노하우의 공유가 가능하도록 한다. 이에 따라 여성 사원들의 회사 내 네트워크를 강화하여, 궁극적으로 조직적응력과 인적 경쟁력을 향상시키는 데 많은 기여를 하고 있다.

⑥ 기타 조직문화활동

현대카드·현대캐피탈은 Happy Event 프로그램을 운영해 전 사원들이 즐겁고 자유로운 조직문화를 경험할 수 있는 문화활동을 전개해오고 있다. 특히 매월 본사 1층 로비에 마련되는 Happy Hour 행사는 임직원들의 큰 호응을 얻고 있다. 월별 이슈 사항을 중심으로 자연스럽게 임직원들 간 커뮤니케이션의 장을 조성하고 재즈공연, 멘토링, 야외 BBQ 파티와 같은 테마별 이벤트를 제공하고 있다. 희망자에 한해 참석을 자율에 맡기고 맥주와 각종 안주를 무료고 제공하는 한편, 유명 연예인을 초청해 Happy Hour에 대한 임직원들의 관심도를 고취시키고 있다.

또한 현대카드·현대캐피탈은 양사의 형식적이고 중복되는 연례행사들을 통합하고, 조직문화 형성에 기반을 둔 단일 행사로 변화와 발전을 모색했다. 사원 송년회를 연말 행사 차원의 형식적인 이벤트에서 탈피하여 연간 주요 성과물을 공유하는 전략적 커뮤니케이션 역할을 하는 동시에, '현대카드·현대캐피탈스러움'이 묻어나는 송년의 자리로 탈바꿈시켰다. 연말에는 '아름다운 바자회' 행사를 실시하고, 양사의 창립기념일에는 특별한 행사 없이 기념품을 임직원들에게 나눠주는 것으로 대체했다.

세계화를 지향하는 현대카드·현대캐피탈의 자유로운 조직문화는 해외 배낭여행을 파격적으로 지원하는 것에서도 나타난다. 사원들에게 해외 문화체험의 기회를 제공하며, 도전적이고 창조적인 국제적 감각을 함양시키고자 2003년부터 글로벌 배낭여행제도를 시행하고 있다. 동성의 3~4인을 한 팀으로 하며, 신청 팀 가운데 매월 한 팀을 선정하여 10일간 여행을 지원하고 있다. 신변 위험 국가를 제외한 세계 전 지역에 대해 여행을 권장하고 있으며, 1인당 400만 원 한도 내에서 여행경비를 지원하고 있다. 사원들이 글로벌 배낭여행제도를 통해 경험하는 해외 문화체험을 조직문화 활성화에 기여하는 기회로 활용하고 있다.

현대카드·현대캐피탈은 비쁜 일상에 지친 임직원을 위로하고, 임직원 부부의 활력을 증진시키기 위한 Healing 프로그램을 운영해오고 있다. 과장급 이상의 임직원 중 참여 희망자를 대상으로 부부 10쌍을 선발하여 요가, 명상 등의 활동을 통해 임직원들의 생활습관을 개선할 수 있도록 지원하고 있다. 또한 결혼 2년 이상인 사원 부부 30쌍을 대상으로 연 2회 '한마음 부

〈그림 Ⅲ-29〉 글로벌 배낭여행제도

부여행'을 제공하고 있다. 일주일간 남도에서 문화체험을 중심으로 실시되는 이 문화여행을 통해 사원들의 부부애 증진에 기여하고 있다. 뿐만 아니라 AUTO 영업본부의 영업활성화 지원을 위해 외부 주요 인사 부부와 가족을 초청하여 문화 마케팅 프로그램을 2008년 4월부터 운영해오고 있다. 주요 프로그램으로 외부 주요 인사 부부 10~15쌍을 초청해 와인과 테이블 매너 강의를 제공하고 있으며, 판매사 Car Master의 가족(500~700명)을 초대하여 유명 지휘자가 함께하는 해설이 있는 대규모 음악회를 개최하고 있다.

(3) 조직문화활동의 성과

윤리경영을 근간으로 세계화를 지향하는 세련된 금융인을 육성하고, 창의적이며 혁신적인 조직을 추구하는 현대카드·현대캐피탈의 기업문화는 지난날의 도약과 오늘날 성공적인 모습을 대변하고 있다. 전 임직원의 새로운 패러다임에 입각한 문화가치 공유와 'Great Company'의 비전 달성을 위한 의지는 대내외적으로 많은 관심을 불러일으켜왔다. 특히 현대카드·현대캐피탈의 기업문화가 끊임없는 변화와 혁신을 통해 높은 경영성과를 이루게 된 이유이자 업계의 선도적인 자리에 오르도록 한 주요 원동력으로 지목되면서 정부기관과 국내외 기업들의 벤치마킹 대상으로 각광받고 있다.

2008년 실시된 직원만족도조사에 따르면, 지속적인 경쟁우위를 점할 수 있도록 하는 현대카드·현대캐피탈의 핵심역량을 묻는 기술식 질문에 응답자의 45%인 517명이 창의력과 혁신 중심의 자세와 사고라고 답했다. 이를 반영하듯, 새로운 시도가 적극적으로 장려되고 있는지를 묻는 문항은 2007년 3.37에서 2009년에는 큰 폭으로 상승한 3.97을 기록해 응답에 참여한 사원들이 거의 모두가 만족감을 표시하고 있는 것으로 나타났다.

업무 외적인 사회활동과 취미활동을 회사에서 적극적으로 지원하는지를 묻는 문항 또한 2007년 수치와 비교해 0.37포인트 상승한 3.53으로 측정되어, 지속적인 개선의 추이를 보이고 있다. 반면, 일과 삶의 균형을 위한 배려가 적절히 이루어지고 있는가를 묻는 문항은 2007년 3.67에서 0.05포인트 감소했으며, 2009년 또한 0.23포인트 하락한 3.39를 기록하였다. 조직분위기 부문은 대부분의 사원들이 만족감을 보이고 있으나, 일과 삶의 균형 측면에서는 지속적인 하락 추세를 나타내는 것으로 미뤄볼 때 이를 개선하

〈그림 Ⅲ-30〉 조직분위기 부문의 직원만족도 개선 추이(1)

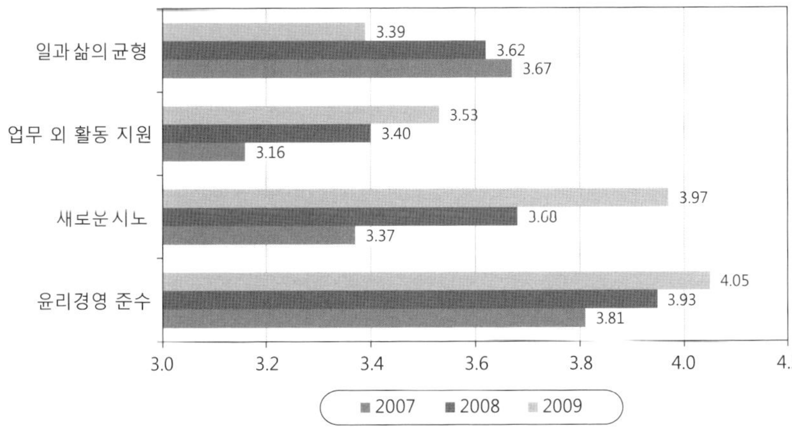

〈그림 Ⅲ-31〉 조직분위기 부문의 직원만족도 개선 추이(2)

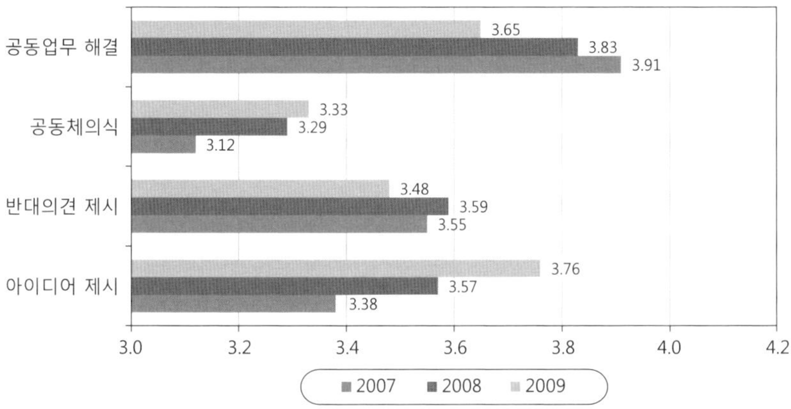

기 위한 노력이 필요할 것으로 판단된다.

법규와 원칙을 준수하고 윤리경영 방침에 의거한 업무 수행을 하고 있는지를 묻는 문항은 조직분위기 부문에서 가장 높은 수치를 나타내고 있다. 2007년 3.81을 기록했던 만족도 지수는 2009년 4점대를 넘어선 4.05포인트를 기록해 응답을 실시한 거의 대부분의 사원이 만족감을 표시하고 있다.

자율성에 입각하여 새로운 아이디어와 반대의견을 자유롭게 제시할 수 있는지를 묻는 문항에서 둘 다 개선을 추이를 보임과 동시에 비슷한 수치를 나타내고 있다. 자유로운 아이디어 제시는 2009년 전년 대비 0.19포인트 상승한 3.76을 기록했으며, 자율에 맡긴 반대의견 가능 여부를 묻는 문항은 2008년에 비해 소폭 하락한 3.48로 측정되었다.

동료와 함께 업무를 해결을 하는 것에 대해서는 응답자들이 대부분 만족감을 표시해 업무 간 동료와의 협업은 잘 이루어지는 것으로 판단되나 점차 만족도가 감소하고 있으며, 조직구성원 간의 공동체의식을 느끼는지를 묻는 문항이 약간의 개선 추이를 보임에도 불구하고 상대적으로 낮은 것으로 나타난 것은 특이한 점이다. 이는 비교적 짧은 기간 동안 회사가 급속도로 성장하며 인력구성에 있어 경력직 직원의 입사 비율이 큰 폭으로 증가한 것을 부분적인 이유로 들 수 있겠다. 공동업무 해결에 있어서 직원만족도가 점점 하락하는 것도 유사한 맥락에서 조명할 수 있다. 따라서 비교적 조직구성원들 간의 관계를 중시하는 기존 인력과 상대적으로 성과창출에 대한 유인이 강한 경력직 입사자 사이의 상충관계는 원만하고 일관된 조직 분위기 형성에 걸림돌로 작용할 가능성이 있다. 또한 효율성을 지향하고 권위나 형식은 철저히 배제하는 조직문화를 추구하고 있지만 업무의 부담을 가중시키는 원인을 묻는 기술형 답안(2008년 ESI)에 응답자 중 36%인 195명이 회의자료 및 불필요한 보고서와 자료 취합 등의 부가업무라고 답하여 업무절차의 개선이 필요함을 알 수 있다.

일하기 좋은 회사(great workplace) 추진활동이 직접적으로 영향을 미치는 전사 커뮤니케이션 부문은 관련된 4개 문항 모두가 지속적인 개선 추이를 보이고 있으며, 설문에 응한 많은 사원들이 만족감을 나타내는 것으로 판단된다(〈그림 Ⅲ-32〉 참조). 주요 성과와 변화에 대한 공유가 이루어지고 있는지에 대한 의견을 묻는 문항은 2009년 3.92를 기록해 각종 경영진 참여 프로그램의 효과가 반영된 것으로 보인다.

사원이 주도하는 혁신기구인 CLB, 임원과의 대화, 현장근무제도, Happy Hour, 동호회활동 같은 수직적·수평적 커뮤니케이션 향상을 위한 제도는 의사결정 참여와 의견개진, 사원의견 청취와 적절한 대응에 대한 사원들의 인식에 긍정적인 영향을 끼쳤을 것으로 판단된다. 2007년과 비교할 때 2009

〈그림 Ⅲ-32〉 전사 커뮤니케이션 부문의 직원만족도 개선 추이

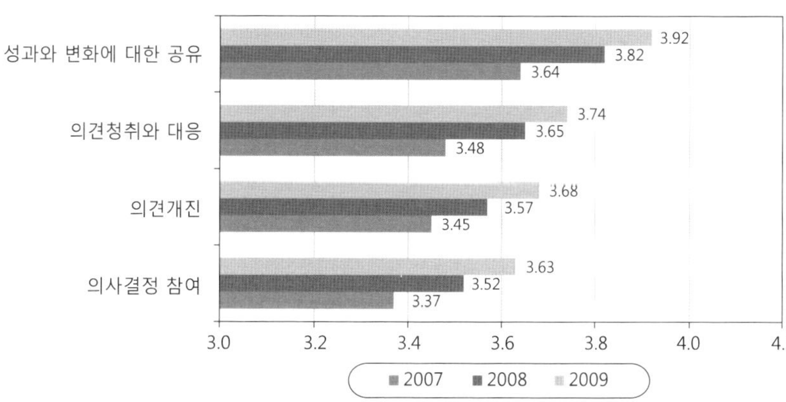

년 전사 커뮤니케이션 부문 4개 문항의 만족도는 큰 향상을 보였다.

5) 사회공헌활동

현대카드·현대캐피탈은 금융업계에서 선도적인 위치를 차지하고 있는 만큼 기업의 사회적 책임을 다하기 위해 각종 사회공헌활동을 전개해오고 있다. 여성 리더를 양성하기 위해 산학 협약식을 맺고 이화여대 경영대학원을 지원하는 한편, 금융인력 양성과 사회공헌활동의 일환으로 대학생들을 위한 '슈퍼클래스' 금융교실을 운영하고 있다. 또한 임직원과 고객의 적극적인 참여로 공감대가 형성된 '함께하는 봉사활동'을 실시하고 있다. 이를 위해 매월 임직원의 급여 끝전 모으기와 현대카드 고객의 M 포인트를 기부금으로 조성하고 있다. 그리고 각 기금을 구성할 때 회사는 모금된 금액과 동일한 기부금을 출현하는 Matching Grant를 실시하고 있다. 현대카드·현대캐피탈의 사회공헌활동은 '지속적인 봉사활동'을 기본 방향으로 다양한 공헌활동을 크게 봉사활동, 기부활동, 문화활동 지원으로 구분하여 연중 시행하고 있다.

2004년 4월 사내 봉사단체인 '늘 푸른 사람들'이 자발적·동반자적·지속적·눈높이적 봉사활동이라는 기본 이념을 가지고 발족식을 가졌다. 창단 이후 장애인시설, 고아원, 치매노인수용시설 등 전국 21개의 시설에서 목욕시키기, 식사보조, 땔감마련, 일일교사 같은 다양한 봉사활동을 실시해왔다. '늘 푸른 사람들'이 실시한 총봉사시간은 자원봉사원 1인당 8시간을 기본으로 약 8,640시간에 이른다.

현대카드·현대캐피탈은 매년 사랑의 쌀 나누기를 통해 결손가정에 직접 방문하여 쌀을 전달해오고 있다. 2003년부터 현대차그룹의 사회공헌활동의 일환으로 진행되는 쌀 나누기 행사를 통해 영등포 관내 기초수급대상자와 차상위계층에게 20Kg 쌀 1포를 임직원이 직접 방문하여 나누어주고 있다.

2006년 5월 사기업으로는 처음으로 국립 현충원과 자매결연을 맺고 묘역 1,100기에 대한 정기적인 헌화와 정비활동을 시행해오고 있다. 현대카

〈그림 Ⅲ-33〉 사회공헌활동

드·현대캐피탈의 신입사원이 자원봉사자가 되어 실시하는 국립 현충원 봉사활동은 헌화와 묘역정비 외에도 호국영화 시청과 전시관 관람으로 국가와 민족의 소중함을 일깨워주는 계기가 되고 있다.

현대카드·현대캐피탈의 신입사원과 인턴사원은 연수 중 시설을 방문하여 봉사활동을 체험하는 시간을 갖는다. 2003년 4월부터 시행된 신입사원과 인턴의 봉사활동을 통해 현대카드·현대캐피탈의 사원으로서 이웃들을 배려하는 마음을 고양시킬 수 있는 기회가 되고 있다. 다양한 노력봉사활동을 비롯하여, 시설의 입소자와 함께 즐길 수 있는 장기자랑 같은 프로그램을 마련하여 뜻 깊은 자리를 가져오고 있다.

혈액부족으로 고통을 겪는 사람들에게 작은 사랑의 나눔을 실천하고자 2004년 3월부터 연 2회 전국 사옥을 중심으로 헌혈 버스를 방문해 헌혈하고, 헌혈증을 한국백혈병소아암협회에 전량 기부해오고 있다. 뿐만 아니라 2005년부터 현대카드 고객으로부터 사랑의 M 포인트를 기부받고 고객이

기부한 포인트만큼 회사가 출연하여 Matching Grant 방식의 모금운동을 벌여 오고 있다. 아울러 사회복지공동모금회와 파트너십을 체결하여 매년 정기적으로 M포인트를 지원하고 있다.

제 IV 장

경영정보·인사시스템

2009년 1월 현대카드·현대캐피탈은 인사 프로세스 혁신과 통합 ERP 구축 프로젝트를 성공적으로 완료하고, 현재 안정적으로 시스템을 운영하고 있다. 포털(portal) 기반의 사내 인트라넷 환경을 통해 경영진의 신속한 의사결정을 지원하고 전사 커뮤니케이션을 활성화하여 자발적인 지식공유환경을 구축하는 한편, 개인별 맞춤형 화면을 제공하여 역할 중심의 업무환경을 조성했다. 이로써 사내 인트라넷 CUBE는 전사 전략에 따른 조직별·기능별 목표달성을 위한 행동을 신속히 지원하고 구성원들의 업무효율 향상에 기여하는 사내 중추신경망으로 도약하게 되었다. 성과지향·전문화·내부고객만족을 통한 개인과 조직의 경쟁력 향상을 인사전산시스템의 개선원칙으로 삼고, 2003년 이후 거듭 진화해온 현대카드·현대캐피탈의 인사제도에 빠르게 적응하고 인사기능을 유연하게 지원할 수 있도록 했다. 이를 위해 인사포털 구축과 함께 인사정보와 업무환경을 통합하여 임직원의 업무 효율성과 편의성을 향상시켰다. 그리고 고객 관련 업무처리시스템과 인사관리시스템을 분리하여 업무 특성에 맞는 전문화된 시스템 운영이 가능하도록 하였고, 인프라 선진화와 프로세스 표준화를 통해 글로벌 인사시스템의 기반을 마련했다.

Intoh라고 불리는 기존의 인사전산시스템은 1998년부터 현대캐피탈 임직원의 인사정보관리와 급여산정을 위해 구축된 시스템에 2001년 현대카드가 설립되면서 복리후생, 교육, 평가관리 기능만 추가로 개발되어 현대캐피탈과 현대카드가 상이한 기준으로 운영되고 있었다. 이처럼 현대카드와 현대캐피탈이 각각 독립된 인사전산시스템으로 운영되어 이들 간의 데이터 연계가 어려웠다. 기존 시스템에는 소속, 직무, 직책 등을 포함하는 개인의 시점별 이력관리 기능이 없어서 인사팀에서 관련 정보를 수작업으로 관리해야 했다. 개인정보는 인사기준 코드와 분류체계가 미흡한 탓에 통계분석을 통한 인력운영 정보로의 활용도가 낮았고, 소속이 다른 팀원의 개인평가를 위해 평가자가 각각의 전산시스템에 접속해야 하는 등 사용자 측면에서 많은 번거로움이 있었다. 또한 2003년 신인사제도 도입을 시작으로 2006년 육성형 신평가제도의 도입과 2007년 커리어마켓 시행에 이르는 지속적인 인사제도혁신에도 불구하고 인사전산시스템이 진화하는 인사제도를 효과적으로 뒷받침하지 못했으며, 제도 간에 시너지를 창출하는 촉매로서의 역할이 미흡했다. 뿐만 아니라 국내외 금융 계열의 인사 기능 통합과 혁신을 위한 시스템 지원이 저조하여, 설립 예정인 계열사에 대한 시스템 지원과 통합이 주요 경영 이슈로 부각되었다. 이에 따라 현대카드·현대캐피탈은 사용자의 편의성 향상, 인사제도의 최적화와 표준화, 그리고 경영층의 의사결정지원 강화를 인사관리시스템의 개선방향으로 설정하였다.

통합 인사정보시스템 구축을 위한 프로젝트는 2007년 12월 인사전산시스템의 현재(As-Is)에 대한 분석을 시작으로 이슈를 도출하고 개선 방향성(To-Be)을 바탕으로 시스템을 구축하고 테스트를 거쳐 2009년 1월 전면 가동하였다. 인사 ERP 구축 프로젝트는 단순히 운영시스템의 성능을 향상시키는 것이 아니라 업무 프로세스를 혁신하고, 프로세스 개선과 연계된 인프라를 구현하며, IT 혁신을 통한 조직의 성과와 전략실행력을 향상시키

〈그림 Ⅳ-1〉 인트라넷 CUBE 화면 예시

는 데 초점을 두었다. 따라서 프로젝트의 전 단계에 걸쳐 사용자의 적극적인 참여와 검증된 성공사례를 적용하고, 향후 글로벌 확장성을 고려한 유연하고 표준화된 시스템을 설계하는 것이 필요하게 되었다.

이를 위해 현대카드·현대캐피탈은 통합 인사정보시스템을 구축하고 크게 네 가지 부문에서 개선효과를 이끌어냈다. 먼저, 현대카드와 현대캐피탈 간의 인사업무 프로세스를 통합하고 표준화 작업을 거쳐 인사관리 전 영역에 걸친 업무개선을 이루어냈다. 또한 통합 인사시스템을 운영함으로써 현대카드와 현대캐피탈의 인사 데이터를 종합적으로 관리할 수 있도록 했으며, 인사기준 코드와 분류체계를 재편하고 개인과 조직의 시점별 이력 관리를 통해 통계분석 기능을 강화했다. 또한 신규사업과 글로벌 사업의 확장을 고려하여 시스템 통합과 표준화, 영어와 중국어 지원 기반을 마련했다. 마지막으로, 임직원의 편의성을 강화하기 위해 인사포털을 중심으로 인사 관련 전산시스템을 통합하고 맞춤형 화면 구성이 가능하도록 하여 사용자 접근성과 CI 연계작업을 통한 'Look & Feel'을 향상시켰다. 그리고 경영

〈그림 Ⅳ-2〉 인사포털시스템의 메인 화면 예시

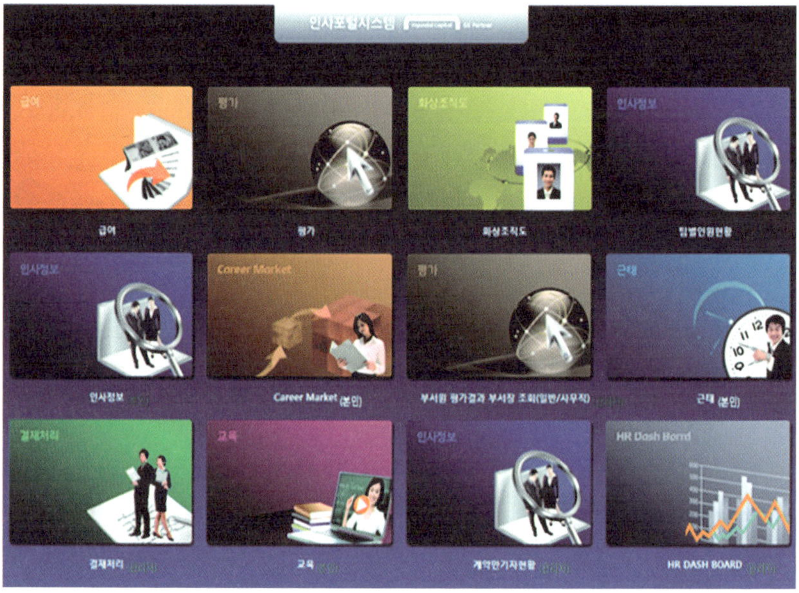

〈그림 Ⅳ-3〉 화상조직도의 메인 화면 예시

정보시스템(TOPIC)과 연동하여 권한별로 사용 가능한 화면을 차등화하고, 화상조직도와 HR 대시보드(dashboard) 등을 활용해 다양한 관련 정보를 제공하는 한편, 현업 중심의 인사·조직 운영을 지원하고자 했다.

인사포털시스템을 더욱 사용자 중심으로 개선하고 전반적인 'Look & Feel'을 향상시키는 것 외에도 인사 영역별로 많은 업무개선 효과를 가져왔다. 먼저, CUBE와 TOPIC 같은 타 경영정보시스템과 인사시스템 간의 정보 연계가 가능하도록 했다. 기존에 정규직·계약직 위주로 형성되던 유저그룹을 파견직까지 확대 적용해 회사 내 모든 직원이 접속할 수 있도록 했으며, 인사 데이터의 이력관리와 통합관리를 위해 시스템을 개선하는 한편, 인사 영역별로 각종 신청 화면을 간결하게 통합하고 승인 단계까지 이르는 업무의 진행상태 정보가 공개되도록 했다. 그리고 파견직의 입·퇴사와 개인의 발령관리를 통해 인사행정 프로세스를 개선하고, 사용자와 운영자의 편의성을 증대시켰다. 커리어마켓과 관련하여 사내공모(job posting) 정보는 CUBE 내에 게시되었지만, Intoh와 연계되어 있지 않아 담당자가 수작업으로 데이터를 관리해야 하는 어려움이 있었고, 지원자는 공고 열람 후 메일을 이용해 따로 지원해야 하는 번거로움이 있었다. 그러나 인사 ERP 구축과 함께 CUBE에 게시된 사내공고 내역은 포털과 자동으로 연계되도록 하여 담당자의 데이터 관리를 용이하게 했으며, 지원자는 공고에서 직접 지원 화면으로 연결할 수 있게 되었다.

새로 도입된 인사정보시스템은 평가관리에도 많은 변화를 가져왔다. 사용자의 편의성을 증대시키기 위해 평가화면 접속 시 취해야 할 평가단계와 과제를 안내하는 기능과 평가에 필요한 다양한 참고 데이터를 제공하는 기능을 추가하고, 이동자에 대해서도 온라인 평가가 가능하도록 했다. 2006년 도입된 신육성형 평가를 지원하는 측면에서 사원 본인의 역량개발 목표에 따라 직무역량평가 항목을 자율적으로 선택하고 평가할 수 있도록 했으며, 일반직과 동일하게 사무직과 계약직 사원에게까지 기술식 평가와 평가자 피드백을 적용하였다. 또한 필요교육을 선정할 때 평가 데이터와 연계하여 회사가 운영하고 있는 교육과정을 조회하여 선택할 수 있도록 했다.

평가에서 선택된 필요교육 정보를 바탕으로 운영자는 차년도 교육과정에 대한 수요를 예측할 수 있을 뿐만 아니라 개설이 필요한 교육과정에 대한 데이터를 얻을 수 있게 되었다.

인사정보시스템은 운영실적 관리와 타 인사 부문을 연계하고 자기개발을 지원함으로써 HyFA 교육제도의 효율성을 향상시켰다. 기존에는 예산, 교육시간, 만족도 등 교육지표 담당자별로 운영결과를 취합하고 별도 가공한 후 확인이 가능했다. 하지만 현재는 교육계획과 결과를 입력하자마자 자동으로 실적이 관리되어 교육담당자의 업무량을 최소화하고 교육지표의 산출 리드타임(lead time)을 실시간으로 축소했다. 이로써 유관자에게 신속한 피드백 제공이 가능해져 인력개발팀의 관리·감독 기능이 강화되었다. 인사정보시스템은 소속사와 시험별로 승진시험 대상자 명단을 자동으로 추출할 수 있도록 지원하고 있으며, 인사담당자에게 시험결과를 자동 전송하여 개인의 이력관리가 신속하게 이루어지도록 하고 있다. 또한 급여 관련 교육비용은 지급내역 승인 후, 급여 담당자에게 바로 전송되도록 하여 인사 전 영역에 걸쳐 운영 효율성을 높였다. 사용자 측면에서는 온·오프라인 교육과정 정보의 조회와 수강신청을 지원하고, 개인이 이수한 학점조회와 직급별로 이수해야 할 학점을 자동으로 표기하는 기능을 추가하였다.

인사정보시스템은 보상·급여에 있어서 행정절차의 전산화와 복리후생의 통합관리를 지원하고 있다. 인사 ERP의 구축으로 기존에 수작업을 통해 이루어지던 인원·인건비 계획의 전산화 기반이 마련되었다. 임금과 인건비 관련 시뮬레이션 분석 기능이 강화되었고, 급여이력 관리와 급여정보 입력이 자동화되었으며, 유사급여 신청을 포함한 급여지급 전 과정에 걸쳐 전산화를 통한 현업주관의 운영 프로세스를 구축했다. 인사도움방 내 규정, 신청, 그리고 총무팀 업무를 하나의 화면으로 통합하여 각종 복리후생제도를 관리하고 있으며, 근태와 관련하여 연도별로 연차와 정기휴가 한도의 자동생성과 이력 조회가 가능하도록 했다.

최근 현대카드·현대캐피탈은 '현업 중심의 인사'를 강화하기 위한 도구로서 화상조직도를 개편하여 조직 및 개인의 기본정보와 인사정보의 획득

〈그림 Ⅳ-4〉 복리후생 규정조회 및 신청 화면 예시

은 물론 각종 채널을 통해 임직원 간의 커뮤니케이션이 가능하도록 시스템을 구축했다. 먼저, 내비게이션 기능을 강화하여 조직도상에서 사용자 본인 중심의 화면 구성을 기본으로 조직도의 모양을 개인의 선호에 따라 조정하는 기능을 추가했다. 돋보기 기능, 입력을 통한 검색 등 다양한 검색 기능을 추가하여 원하는 정보로의 접근성을 크게 향상시켰다. 또한 조직도상에서 권한에 따라 한 번의 클릭만으로 본인과 부서원 혹은 조직원의 인사정보를 열람할 수 있는 원클릭(one-click) 조회 기능을 강화했다. 이를 통해 임직원 본인과 상위 조직장은 개인의 인사기록표, 평가결과, 평가기술서, 근태 현황 등을 조회할 수 있고, 조직장의 경우 관할 조직의 조직별·팀별 인원 현황, 계약 민기자 현황, 부서원 평가 결과, 커리어마켓 전부대상자, 부서원의 교육이력과 근태 현황 등에 대한 정보를 얻을 수 있도록 했다. 뿐만 아니라 기존에 CUBE상에서 지원하던 커뮤니케이션 기능을 화상조직도에 접목하여 임직원 상호 간에 전화, 메일, 메신저로 의사소통을 할 수 있고 개인 블로그의 조회가 가능하도록 했다.

제 V 장

인사·복리후생제도

'현대카드·현대캐피탈스러움'이 묻어나는 인사시스템으로 탈바꿈하기 위해 2006년 육성형 평가제도가 시행되었고, 이와 구분하기 위해 기존의 인사제도는 종종 '사정형 인사시스템'으로 불린다. 이 시기에는 개인의 평가등급을 결정하고 그에 상응하는 보상을 연계하는 데 초점이 맞춰져 있었다. 이를 위해 직군·직무체계를 구축하고 인재유형별 인사관리 차별화를 통해 인적자원의 전문화를 촉진하는 동시에, 개인별 목표관리제도(MBO)를 도입함으로써 성과주의 문화를 형성하는 데 기여했다. 또한 사원을 내부 고객으로 인식하고 고객의 니즈(needs)에 맞는 인사 서비스를 제공하여 지속적인 직원만족도 제고에 힘썼다.

이른바 'Science in a Tiffany Box'로 일컬어지는 과학적이고 창조적인 사업전략과 공유가치에 입각한 혁신적인 내부조직관리는 현대카드·현대캐피탈을 성공으로 이끌며 세간의 이목을 집중시켰다. 이에 더욱 공격적으로 국내외 사업을 확장시키며 궁극적인 비전을 달성하기 위해 박차를 가했다. 기업의 성장에 초점이 맞춰진 새로운 전략방향과 함께, 인사관리에 있어서도 성공적인 전략실행과 목표달성을 위해 다시 한 번 변화의 필요성이 대두되기 시작했다. 아울러 과거의 인사제도는 개인과 조직의 경쟁력 향상이라는 인사관리 본래의 취지를 효과적으로 충족시키지 못하고 있었다. 이를 근거로, 현대카드·현대캐피탈은 평가제도의 공정성 개선을 골자로 새로운 성과관리체계를 구축하고 사원의 역량개발을 위한 육성형 신평가제도로 전환을 꾀했다. 또한 성과에 따른 보상 차별화 폭을 확대하여 성과 중심의 조직문화 정착에 기여하였고, 개인의 경력개발에 있어 시장경제원리를 적용한 커리어마켓 그리고 선택 및 선발형 교육과정을 대폭 강화한 HyFA 교육제도를 운영하여 인재관리체계에 선순환을 가져왔다. 그리고 2009년부터 본격적으로 활용되기 시작한 인사 ERP 시스템은 통합 인사관리가 가능하도록 하였고, 사용자 중심의 인프라를 제공하여 현업 위주의 업무처리가 강화되었을 뿐만 아니라 업무 외 다양한 개인활동과 조직활동을 아우르는 인터페이스(interface)를 제공하였다.

2006년 육성형 신평가제도의 도입을 계기로 인사 부문은 우수인력에 대한 보상과 육성기회를 확대하여 성과와 인재중시 경영철학의 버팀목으로 자리매김하는 한편, 현업 중심의 인사관리가 이루어질 수 있도록 인사제도를 정비하였다. 또한 사원의 주도적인 경력개발과 개인의 자유의사를 반영한 직무이동을 가능하게 하여 사원의 자율성을 확대·강화하였다.

평가에서는 평가등급과 보상의 연계를 강조하는 기존의 사정형 평가에서 한 발 더 나아가 사원의 역량 강화를 초점으로 육성형 신평가제도를 도입하였다. 육성형 평가에서는 체계적이고 개방된 방식의 목표수립과 업적공유를 제도화시켜 개인의 역량을 강화하고 평가의 공정성을 향상시켰으며, 개인의 강점과 약점, 역량 그리고 육성계획에 이르는 다양한 기술식 평가요소를 포함시켜 사원 육성과 개인의 경력개발계획에 활용되도록 했다. 또한 평가다면화를 통해 개인평가 시 상사평가 외에도 자기평가가 이루어지도록 해 종합평가결과에 반영되도록 하였고, 팀장급 이상의 보직자의 경우 상향평가와 다면평가를 실시하였다. 평가 주관부서인 인사부서는 평가지원 책임이 확대되어 평가절차의 관리감독과 평가결과에 대한 감사(audit) 기능이 강화되었다.

기존에 고정재원이 마련되고 그 범위 내에서 지급되던 보상체계와 성과에 따른 보상차별화가 미흡했던 부분을 개선하였다. 이에 따라 제도화된 이익분배제도(profit sharing)는 아니지만 매년 전사 성과를 기초로 경영진이 재량으로 추가재원을 마련해 특별 경영성과급 제도를 정착시켜 추진해 오고 있다. 또한 조직 및 개인의 성과와 연동된 개인성과급 비율을 증가시켜 보상의 차별화 폭을 확대시켰다.

아울러 시장원리에 입각한 경력개발제도로서, 커리어마켓은 현업 및 자기주도 인사에 있어 현대카드·현대캐피탈의 대표적인 정책의 하나로 평가받고 있다. 회사의 필요와 정기이동 중심의 기존 전환배치제도의 단점을 보완하여 자신의 경력개발계획에 의거한 자유로운 직무선택의 기회를 제공해 사원의 자율성을 강화하는 데 기여했다. 또한 선택과정과 선발과정의 폭을 넓혀 자발적인 학습동기를 부여하는 한편 영 포럼, 리더십 포럼과 같은 전략 및 경영 키워드와 연계된 프로그램을 운영해 회사의 목표와 일체감을 갖게 하고 목표달성에 직·간접적으로 기여하는 교육체계를 확립했다.

아래에서는 평가제도에 대한 소개를 시작으로 현대카드·현대캐피탈이 현재 운영하고 있는 보상, 직군·경력개발체계, 승진, 교육, 복리후생제도 등 인사시스템을 구성하는 각 제도에 대해 좀 더 자세히 살펴보고자 한다. 커리어마켓은 경력개발제도로서 인사시스템을 설명할 때 빠져서는 안 될 부분이지만 제Ⅲ장에서 자세히 다루었으므로 이 장에서는 생략하기로 한다. 또한 그 외 평가, 보상, 교육과 같은 세부 부문에 대해서도 각 부문을 이해하는 데 있어 꼭 필요한 내용을 중심으로 소개한다.

1 평가제도

현대카드·현대캐피탈은 평가를 통해 개인의 역량 강화와 사원 육성을 도모하고, 개방된 평가 절차를 운영하여 공정성을 높이는 데 역점을 두고 있다. 평가는 인사시스템의 실효성을 결정짓는 근간이 되는 인사기능으로 인식되고 있다. 특히 평가제도는 성과관리의 지향점인 E^3 요소와 결합되어 개인과 조직의 인적 경쟁력을 극대화시킴으로써 궁극적으로 조직의 핵심역량을 확보하여 불확실성이 높은 경영환경에서 지속적인 경쟁우위를 갖추는 데 기여하고 있다.

현대카드·현대캐피탈의 육성형 신평가제도는 $P = E^3$이라는 공식을 적용하고 있다. 이는 Performance(성과관리) = Engagement(참여) × Enhancement(향상) × Equity(공정성)를 의미하며 높은 수준의 성과관리를 위해서는 이 세 가지 E가 동시에 적절히 관리되어야 함을 의미한다. 현대카드·현대캐피탈의 육성형 신평가제도는 위의 각 요소가 유의한 정(+)의 효과를 나타낼 수 있도록 다양한 제도를 마련하여 시행하고 있다. 먼저, 조직 및 개인의 성과와 평가의 연계를 강화하여 조직목표에 대한 구성원의 전략적 일체감을 갖게 하는 한편, 이를 바탕으로 조직 및 개인의 성과에 따른 보상의 차별화를 확대하였다. 또한 사원역량 강화를 위해 목표수립·업적공유세션(session)을 제도화하여 시행하고 있으며, 연간 지속되는 목표 과정관리와 다양한 개인평가 항목에 대해 구두·기술식 피드백을 제공하고 있다. 특히 평가의 공정성 강화를 위한 노력이 두드러지는데, 평가그룹 내에서 개방형 커뮤니케이션이 이루어지는 목표수립세션과 업적공유세션 외에도 자기평가와 상사평가 결과가 개인의 종합평가결과에 반영되도록 하고 있다. 또한 평가 내용과 절차에 대한 평가주관부서의 감사(audit)를 강화하는 한편, 개인평가 결과를 비롯하여 구체적인 평가내용과 평가자의 의견을 피평가자가 열람할 수 있도록 했다.

1) 연간 평가일정

기존에 연 2회 실시하던 업적평가의 평가주기를 역량평가와 함께 연 1회씩 실시하는 것으로 변경했다. 매년 2월부터 상위조직 목표에 근거하여 팀별로 목표수립세션을 실시하고, 이를 바탕으로 개인별 목표수립은 3월 중에 이루어진다. 목표수립이 완료된 이후 개인별 목표관리제도(MBO)에 의한 업무가 시작되면 팀장에 의한 지속적인 과정관리가 시행된다. 특히 과정관리가 개인별 업무 진척에 따라 팀장의 재량에 의해 실시되는 반면, 중간점검은 7월에 전 팀원들을 대상으로 반드시 실시하도록 되어 있다.

11월에는 12월부터 본격적으로 시작되는 평가 프로세스에 대비해 평가자와 피평가자 교육을 필요에 따라 실시하여 평가 방법과 내용, 절차 등이 준수될 수 있도록 만전을 기하였다. 개인 업적과 역량에 대한 자기평가 이전에 업적공유세션을 실시하도록 하여 우수 성공사례 공유와 개인별 달성업적 발표를 통한 조직학습을 유도하는 한편, 이후 평가절차 간 공정함의 발판이 되도록 한다. 자기평가가 완료되는 12월 중순부터 평가자와 피평가

〈그림 Ⅴ-1〉 연간 평가일정

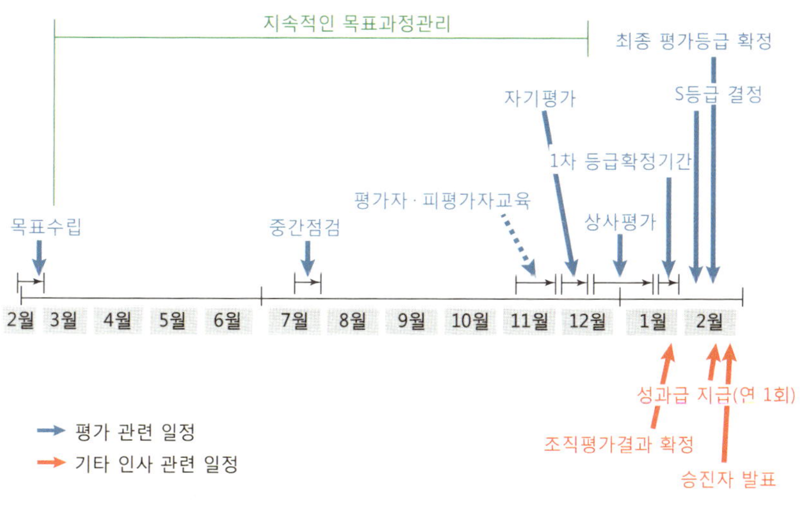

자는 평가방향에 대하여 일대일 면담을 하도록 하며, 자기평가결과와 면담 내용을 근거로 상사평가가 실시된다. 그 다음 자기평가와 상사평가결과를 바탕으로 평가결과에 대한 평가주관부서의 감사(audit)가 시행된다. 이때 실 구성원의 평가점수 분포를 고려해 실내 점수를 서열화하고 평가등급을 결정한다.

보통 이듬해 1월 중순 이후 1차 등급(A, B, C: 3등급) 확정기간 동안에 조직평가 결과가 확정되며, 개인종합평가와 조직평가 결과를 토대로 별도의 선정 프로세스를 거쳐 S등급과 D등급 인력을 선발한다. 끝으로, 2월 중 최종 개인평가등급을 확정하며, 이때 조직과 개인의 업적평가결과를 바탕으로 개인성과급이 연 1회 지급되고, 개인종합평가결과를 근거로 승진자가 정해진다.

2) 평가체계와 보상의 연계

현대카드·현대캐피탈의 조직 및 개인평가체계와 보상의 연계 구조는 〈그림 V-2〉와 같으며, 개인의 업적평가와 역량평가 그리고 사무직평가는 실·지역본부 단위로 실시되고 있다.

먼저, 조직(실)평가는 조직평가등급과 조직성과로 구분된다. 조직(실)의 개별 성과를 바탕으로 절대평가를 실시하여 S등급부터 D등급까지 총 5개 등급으로 조직평가등급이 매겨진다. 이 조직평가등급은 개인의 조직성과급을 결정짓는 기준이 된다. 한편 조직성과는 전체 조직(실)을 대상으로 개별 조직(실)의 성과에 따라 고·중·저성과로 상대적으로 배분되고, 그 결과는 조직(실) 내 개인 업적평가등급의 T/O 배분기준으로 활용된다.

개인평가는 직계분류에 따라 크게 일반직과 사무직으로 나누어 시행된다. 사무직 근무자의 경우 업적평가와 역량평가로 구분하지 않고 평가기간 동안 종합평가를 실시하며, 평가결과는 개인성과급과 승호에 반영된다. 일반직 근로자의 경우 개인평가는 업적평가와 역량평가로 이원화하여 실시되며, 개인별로 절대평가를 시행한 후 S등급부터 D등급까지 상대 배분된다.

〈그림 Ⅴ-2〉 평가체계와 활용

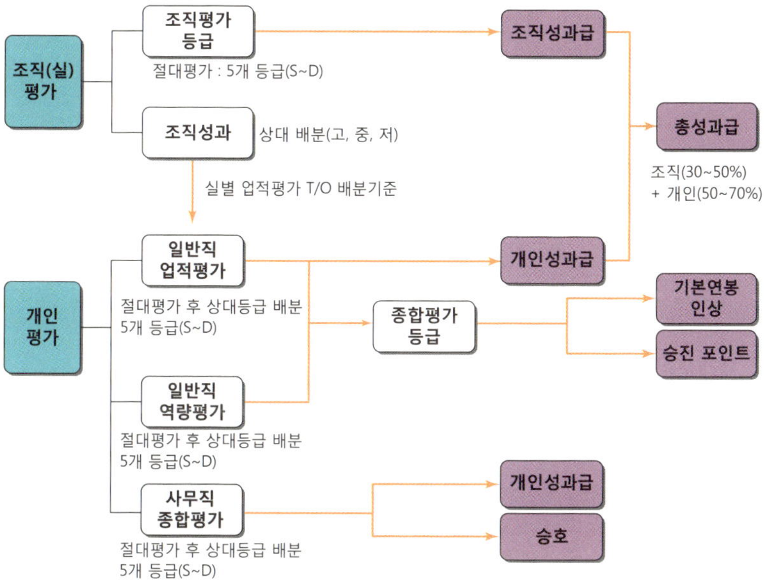

일반직 업적평가는 개인성과급 산정에 활용되고, 조직평가등급을 근거로 산출된 조직성과급과 함께 개인의 총성과급을 이룬다. 아울러 일반직 역량평가 결과는 개인 업적평가결과와 합산되어 개인 종합평가등급을 결정하고, 기본연봉 인상폭과 승진포인트에 영향을 미친다.

3) 업적평가 · 역량평가체계

개인평가는 개인별 목표관리제도(MBO)에 입각하여 수립된 목표 대비 달성률에 대한 평가를 주축으로 하는 업적평가와 행동관찰방식에 의한 역량평가로 구성된다. 우선 개인별로 절대평가를 실시하고, 평가점수를 바탕으로 평균과 표준편차 등을 고려한 조정계수를 적용하여 조직(실) 단위로 개인점수를 서열화한다. 그리고 서열화된 개인평가 결과에 등급 배분기준에 따라 A, B, C등급을 부여하고, S등급자와 D등급자의 경우 별도의 프로세스를 거쳐 선발한다.

S등급자는 본부장과 실장으로 구성된 본부별 S등급 선정위원회를 개최하여 업적 부문과 역량 부문을 나누어 선정한다. S등급 선정은 해당 실장이 당해 연도 평가에서 A등급을 부여받은 자 중에서 업적 또는 역량이 탁월하다고 인정되는 사원을 추천하면, 소속 본부장이 전체 조직(실) 인원 대비 약 5% 내외에서 최종 선발을 하는 방식이다. 이와 유사하게 D등급은 각 조직(실)별로 전체 피평가자 인원수를 기준으로 약 5% 내외의 T/O를 배분하고, 해당 실장이 C등급자 중 당해 업적 또는 역량이 저조한 사원을 본부장과 협의하여 선정한다.

개인업적평가는 핵심성과지표(KPI)에 의한 평가를 기본으로, 해당 업무의 달성 정도를 측정하는 운영과제와 업무와 관련된 개선 여부를 평가하는 도전과제로 구분된다. 개인목표를 수립할 때 운영과제 70%, 도전과제 30%의 비율을 반드시 지키도록 권고하고 있으나, 기획업무와 같은 직무 특성상 운영과제보다는 업무개선과 경영혁신 같은 도전과제에 더 치중해 있는 경우에는 그 비율을 조정할 수 있다. 또한 일반 소비자를 대상으로 한 영업을 주 업무로 담당하는 거점의 경우, 도전과제에서는 본래의 평가 취지를 유지하되, 운영과제는 실적을 기준으로 평가에 활용하고 있다.

개인업적평가는 설정된 목표 대비 달성률을 절대평가방식으로 측정하는 것을 기본으로 5점 척도의 정량지표와 평가자 의견을 포함한 정성지표를 함께 업적평가에 활용하고 있다. 그리고 조직의 성과와 연동한 조직(실)별 개인평가 등급배분 T/O가 적용되어, 개인업적 평가점수는 조직(실)내 서열에 따라 S등급부터 D등급까지 부여된다.

개인역량평가는 공통역량평가, 관리역량평가, 직무역량평가로 세분화되며, 행동관찰방식을 통해 기준이 되는 행동지표와 척도에 근거하여 평가자의 관찰결과를 기입하도록 한다. 공통역량평가는 현대카드·현대캐피탈의 사원이라면 누구나 갖추고 있어야 할 핵심가치를 반영하며, 그것을 구성하는 창의성·책임감·팀워크·윤리성과 관련된 주요 행동지표를 도출하고 행동관찰에 활용하고 있다. 관리역량평가는 부서장을 대상으로 관리자로서 갖추어야 할 조직관리역량이 주요 평가요소로 활용되는 반면, 부서원을 대상으로 실시되는 직무역량평가는 해당 업무수행에 요구되는 특정 지식과 기술의 습득 여부가 주요 평가요소로 반영된다. 개인역량평가는 5점 척도에 근거한 정성지표를 사용하고, 피평가자의 역량에 대한 평가자 의견을 자세하게 작성하도록 하고 있다. 또한 업적평가와 달리, S~D등급으로 배분할 때 개별 조직의 성과와 무관하게 전사 공통된 배분 T/O를 적용하고 있다.

4) 평가방법

부서장과 부서원이 참여하는 업적공유세션과 평가자 면담을 제외한 기입과 작성을 요하는 모든 평가 간 활동은 전산시스템상에서 진행된다. 또한 개인의 업적평가와 역량평가에서 육성계획에 이르기까지 모든 평가 부문에 대하여 자기평가와 상사평가를 실시하여 평가의 공정성과 사원의 역량강화를 기하였다.

개인별 목표관리제도(MBO)에 의해 수립된 핵심성과지표(KPI)에 근거하여 업적에 대한 자기평가를 먼저 실시하도록 한다. 이때 전산 화면상으로 연초에 수립된 목표내용을 조회할 수 있고 개인의 실적과 완성도 등 계량적 수치를 기초로 정량적 평가를 함과 동시에 업무성과의 구체적인 내용을 작성하는 정성적 평가도 약 200자 내외로 함께 이루어지도록 한다. 또한 향후 추진계획이나 개선·보완계획을 포함한 당해 업무에 대한 총평을 기술식으로 작성하도록 하고 있다. 이를 바탕으로 평가항목별로 목표 대비 실적, 기여도, 난이도 등을 전체적으로 고려하여 평가점수(5점 척도)를 부여하도록 한다.

자기평가결과를 바탕으로 평가자와 피평가자의 면담이 실시되고, 이를 근거로 상사에 의한 개인업적평가가 이루어진다. 평가자는 전산시스템상으로 피평가자의 목표와 자기평가 내용을 조회할 수 있다.

상사의 평가의견은 피평가자의 업무 간 활동과 그에 따른 결과에 대해

〈그림 Ⅴ-3〉 업적평가의 방법

성과평가 작성방법

과제 유형	평가 항목	평가 지표	목표 수준	납기	가중치	달성실적	자기평가의견	평가
목표 내용 자동 조회						•**성과달성도** - 정량적 성과: 실적, 완성도(%), 증가율 등 계량적 수치 - 정성적 성과: 업무성과의 내용, 수준 등 (200자)	•**총평** •**잘한 점**, 그 근거 또는 원인 •**부족한 점**, 그 근거 또는 원인 •향후 추진계획과 **개선·보완 계획**	•평가항목별로 **평가 점수 부여**(5점 척도) - 목표 대비 실적, 달성도, 기여도, 난이도 등을 종합적으로 고려

업적평가 작성방법

과제 유형	평가 항목	평가 지표	목표 수준	달성 실적	자기 평가	가중치	상사평가의견	상사평가
목표와 자기평가 내용 자동 조회							•**달성 성과에 대한 기여도 등 총평** •**성공·실패 원인 분석과 향후 개선·보완사항** *STAR 기업에 근거하여 기술 a. **S**ituation Task(상황 및 과업): 상황 또는 요구되었던 기대수준 b. **A**ction(행동): 실제 관찰된 행동을 제시함 c. **R**esult(결과/영향): 행동이 미친 결과와 영향에 대해 이야기함	•평가항목별로 **평가 점수 부여**(5점 척도) - 목표 대비 실적, 달성도, 기여도, 난이도 등을 종합적으로 고려

구체적으로 기술하도록 하고, 달성한 목표뿐만 아니라 실패사례에 대해서도 원인분석과 더불어 향후 개선·보완사항을 꼼꼼하게 기록하여 개인의 업무역량 향상에 기여하도록 한다. 자기평가와 동일한 방식으로 평가자는 목표수립내용과 자기평가결과를 포함하여 실적, 달성도, 난이도 등을 종합적으로 고려하여 평가항목별로 1~5점까지 점수를 부여한다.

업적평가와 달리, 사원의 역량평가는 상사에 의해서만 실시된다. 다만, 역량평가내용을 근거로 개인의 강점과 약점, 육성계획 같은 피평가자에 대한 다양한 의견을 기술하도록 하는 종합평가에 한해서 동일한 항목에 대해 피평가자 본인이 직접 작성하도록 하여 자기개발과 경력개발에 적극적으로 활용되도록 하고 있다.

역량평가는 공통역량평가, 관리역량평가, 직무역량평가로 구분되며 평가그룹에 따라 적용되는 평가요소가 상이하다. 예를 들어, 보직자의 경우 공통역량평가와 함께 사원개발·조직관리·성과관리 측면이 강조된 관리역량

〈그림 Ⅴ-4〉 역량평가요소와 평가 예시

<table>
<tr><th>구분</th><th>평가항목</th><th>키워드</th><th>세부행동지표</th><th>평점</th><th>평가의견</th></tr>
<tr><td rowspan="4">공통역량</td><td>창의성</td><td>•탐구
•개선의지</td><td>•다양한 정보와 방법으로 문제의 원인을 파악하여 업무에 적용함</td><td>4</td><td rowspan="4">•·기존의 업무방법을 고수하기보다 새로운 방안에 대한 고민을 부지런히 하며
•맡은 업무를 스스로 추진력있게 진행함
•팀 공동업무에 협조적 관계를 유지하고 있으나 본인 업무에 대한 적극성만큼 보다 헌신적으로 참여했으면 함
•회사 규정과 절차대로 업무에 적용, 준수함</td></tr>
<tr><td>책임감</td><td>•주도성
•열정</td><td>•보다 도전적인 목표를 설정하고 이를 달성하기 위해 미리미리 많은 노력을 함</td><td>4</td></tr>
<tr><td>팀워</td><td>•존중
•헌신</td><td>•다양한 부서 또는 다양한 직원들로부터 적극적으로 의견을 수렴한다.</td><td>3</td></tr>
<tr><td>윤리성</td><td>•고객정보보안
•협력업체와의 거래투명성
•성희롱 예방</td><td>•정보 보안에 대해 회사의 정해진 규정과 절차를 정확히 이해하고 있으며 고객정보를 다룰 때에는 늘 점검함
•협력업체 거래에 관한 회사의 규정과 절차에 대해 예외 없이 정확히 업무를 수행함
•성희롱에 관한 회사의 규정과 절차에 대해 예외 없이 정확히 업무를 수행함</td><td>4</td></tr>
<tr><td rowspan="3">직무역량</td><td>분석적 사고</td><td>•복합적 문제에 대한 다양한 접근</td><td>•주어진 문서를 해결하기 위해 수집/분류한 요소들 간의 상관관계와 중요도를 파악함
•주어진 상황의 복합적인 관계를 파악하여 보다 구체적이고 세밀하게 분류함
•복잡한 상황이나 문제를 여러 각도에서 접근함</td><td>4</td><td rowspan="3">•제반 자료의 분석을 통해 원인을 규명하고 결론을 도출해내며
•조직 전반에 대한 이해를 갖추고 있음
•직원 응대에 보다 적극적이고 협력적으로 대처하는 부분은 개선이 필요함</td></tr>
<tr><td>서비스 지향</td><td>•고객구분
•평가의견 반영</td><td>•자신의 업무처리 결과가 어떻게 고객에게 영향을 끼치게 되는지를 명확하게 인식함
•일상적으로 제공하여야 하는 서비스에 요구되는 준비사항을 사전에 갖춤</td><td>2</td></tr>
<tr><td>조직에 대한 이해</td><td>•조직별 특성을 감안한 인사운영</td><td>•현재 각 조직별 조직문화, 핵심가치 및 조직장의 리더십 스타일을 감안하여 인사제도 운영과 관련된 의사소통을 진행함</td><td>1</td></tr>
</table>

평가를 실시하는 한편, 비보직자는 공통역량과 해당 직무역량과 관련된 행동지표에 대해서 평가를 받고 있다. 이를 위해 현대카드·현대캐피탈은 업무기능별로 차별화된 직무역량을 정의하고, 이에 상응하는 평가항목을 도출하여 직무역량평가에 적용하고 있다.

역량평가가 이루어지는 전산시스템 화면상에서 역량 구분부터 평가항목과 세부 행동지표까지 사원의 역할과 책임에 따라 상이한 평가요소를 자동으로 조회할 수 있다. 이를 바탕으로 평가자는 평가항목별로 1점부터 5점까지 행동관찰 결과에 기초하여 개인역량에 대한 평점을 부여한다. 아울러 각각의 역량평가요소에 대해 현재 역량 수준과 향후 개발방향에 이르는 총괄적인 역량평가의견을 구체적으로 작성하도록 하고 있다.

평가자는 역량평가결과를 토대로 피평가자의 강·약점과 육성계획을 아우르는 종합평가의견을 기술한다. 강점에는 피평가자가 평가기간 중 달성

〈그림 Ⅴ-5〉 역량평가 종합의견 예시

피평가자의 강·약점 분석	
강점(Strength)	약점(Weekness)
•수리 분석력이 탁월하고 데이터 해석, 응용력이 뛰어남 •이슈를 도출하고 이를 해석하는 능력이 돋보임 •업무에 대한 책임감이 강하고주도적이며 업무처리가 치밀함 •직원들과의 커뮤니케이션 시에도 추진하고자 하는 방향성을 명확하게 설명하고, 납득시키기 위해 노력함 (500자)	•자신의 주장을 보다 논리적으로 전개할 수 있는 능력 부족 •모든 업무에 대해 항상 새로운 아이디어를 개진하려는 노력 필요 •향후 승진을 고려하여 지시사항에 대한 이행보다 먼저 향후 추진해야 할 방향이 무엇인지를 생각해 보고 업무를 추진하는 기술을 보다 배양할 필요가 있음 (500자)

피평가자의 육성계획		
개발계획	필요교육	요청사항
•부서 간 통합 회의 주재 등 의사소통 능력과 조정력 향상 지원 (200자)	•리더십 역량개발 •커뮤니케이션 스킬 관련 교육 (200자)	•글로벌 시각 확보를 위해 해외 교육 또는 업무 파견 기회 제공 (200자)

추천직무			
1지망	2지망	3지망	이동희망시기
마케팅전략	제휴영업	영업지원	1년 이내

승진가능성
•업무지식과 문제해결능력 등 책임자로서의 기본적인 역량을 확보하고 있어 상위직 수행 가능

한 실적, 개인의 역량, 성격과 태도상의 장점을 작성하고, 보유한 기술과 지식의 수준을 언급한다. 약점에는 동일한 요소들에 대해서 평가기간 동안 미흡했던 점을 구체적으로 작성하여 향후 긍정적인 방향으로 개선을 도모하고 개인의 업무역량 강화를 위한 계기가 될 수 있도록 한다. 또한 추천직무와 승진가능성을 포함한 피평가자 육성계획을 작성하도록 하여, 현업 담당자의 적극적인 지원으로 인력개발과 관련한 구체적인 행동계획이 실행에 옮겨질 수 있도록 한다.

피평가자도 본인의 강·약점과 육성계획에 대한 종합의견을 기술하도록 하여, 상사의 종합평가결과와 함께 향후 자기주도적인 경력개발과 역량강화를 위한 육성계획을 수립하는 데 체계적으로 반영되도록 하고 있다. 특히 필요교육과 요청사항은 교육담당자의 업무추진방향에 적절히 반영되고 있으며, 추천·희망직무와 승진가능성은 직무이동과 승진고과에 참고자료로 활용되고 있다.

2 보상제도

2003년 성과지향, 전문화, 그리고 내부고객만족을 새로운 방향성으로 도입된 신인사제도는 임금체계와 관련하여 기존의 연공서열에 입각한 호봉제에서 직무성과 중심의 연봉제로의 전환을 이루어냈다. 그간 직무가치와 성과에 따른 보상차별화를 골자로 기본연봉과 성과급 운영에서 지속적으로 제도를 보완해왔다. 먼저, 기본연봉 인상률과 개인성과의 연계를 확대하여 사원들에게 성과창출에 대한 유인을 제공하고, 개인성과 향상을 위한 조직 구성원 간의 건전한 경쟁을 유도하고 있다.

연봉 인상률은 개인 종합평가등급에 따라 매년 변동하며, 조직평가와 개인업적평가에서 모두 B등급을 부여받을 때 지급되는 표준성과급을 기준으로 0~300%까지 적용된다. 성과급 운영에 있어서도 조직성과와 개인성과의 연동범위를 확대하여 조직단위 성과창출에 대한 사원들의 관심을 증대시키고, 상위조직의 목표달성을 위한 구성원의 팀워크 향상을 도모하고 있다. 개인의 총성과급 중 해당 실·지역본부의 성과 반영 비율은 30~50% 수준이 유지되도록 운영하고 있다. 또한 직급과 직무의 특성을 반영한 성과급체계를 구축하여 개인의 역할과 책임에 따라 합리적인 보상이 이루어지도록 하고 있다. 예를 들어, 과장·차장급일수록 성과에 대한 책임의식을 높이기 위해 개인평가등급 간 보상차별화 폭을 확대하였다. 영업조직(front office)의 경우 실적 향상에 대한 동기부여를 위해 지원부서 대비 표준성과급 규모를 직급별로 1%씩 확대 지원하고 있다. 그리고 보직자는 상위조직의 목표달성에 대한 책임을 강조하기 위해 개인성과급에서 실·지역본부 실적 반영 비율을 높게 적용하고 있다.

1) 기본연봉의 구성

일반직의 경우 연봉제를 바탕으로 기본연봉 차등인상제(merit pay system)

를 적용하여 매년 개인별 업적평가와 역량평가 결과가 반영된 종합평가등급에 따라 기본연봉의 상승폭이 결정된다. 직급별 기본연봉 인상률은 당해 연도 경영성과, 물가상승률, 시장환경, 경쟁사 동향 등 다양한 내·외부 요소들을 고려해 산정되며, 책정된 기본연봉 인상률은 매년 4월에 일괄적으로 적용된다.

일반직의 기본연봉은 개인별 평가에 따라 기본연봉의 56%가 정액 지급되는 기본급과 종합급 그리고 직무수당으로 구성된다. 한편 사무직의 기본연봉은 직급별 호봉에 따라 정액 지급하는 기본급, 각종 수당과 복리후생비를 포함한 월정급여, 그리고 기본급의 800%를 12개월 분할로 매월 66.7%씩 지급하는 정기상여로 구성된다.

성과와 직무 중심의 임금체계를 반영하듯, 일반직 대리급 이상부터 기본연봉 급여밴드의 직급 간 교차범위를 확대시켰다. 이에 따라 고성과자의 경우 상위직급의 기본연봉 수준을 초과하는 역전현상이 가능하도록 하여 개인성과와 보상의 연계를 강화하였다.

2) 성과급의 구성

기본연봉과 함께 개인의 총임금을 구성하는 비누적식 성과급은 실·본부·팀의 성과와 개인성과를 연동시켜 목표 대비 달성도에 따라 매년 조직성과급과 개인별 성과급 지급액을 차별화하여 운영하는 보상체계다. 일반직 근로자의 경우 성과급 산정의 주요 기준이 되는 것이 표준성과급이다. 표준성과급은 개인의 업적평가와 역량평가 결과가 반영되는 기본연봉을 기초로 미리 산정된 고정비율을 적용하여 산출된다. '성과급 금액과 결정요소'를 보면 개인의 직급과 직무 특성에 따라 반영 비율이 다름을 알 수 있다. 통상 조직의 목표달성에 대한 성과책임이 높아지는 상위 직급과 일반 소비자를 대상으로 영업활동이 주요 업무인 영업조직의 경우 상대적으로 높은 표준성과급 비율이 적용된다. 그리고 '표준성과급 중 조직 및 개인성과급 비율'에 따르면, 영업 부문과 비영업(지원) 부문 그리고 부서장과 부서원 차원에서 성과급 반영 비율을 상이하게 운영하고 있다. 다만, 조직성과와 개인업적에 따른 성과급 차등 비율은 영업 부문이나 비영업 부문에 상관없이 동일하다.

개인의 총성과급은 조직성과급과 개인성과급의 합으로 산출된다. 예를 들어, 조직성과와 개인업적평가에서 모두 B등급을 받고 기본연봉이 5천만 원인 본사 A팀원의 성과급은 다음과 같이 산정된다. 먼저, 표준성과급은 A팀원의 기본연봉 5천만 원의 11.0%인 550만 원이 된다. 조직평가 B등급에 기초하여 표준성과급 550만 원은 100% 유지되나, '표준성과급 중 조직 및 개인성과급 반영비율'에 따라 550만 원의 40%인 220만 원이 A팀원의 조직성과급이 된다. A팀원의 개인성과급은 표준성과급 550만 원에 개인업적 평가등급 B(100%)를 적용하고, 다시 '표준성과급 중 조직 및 개인성과급 반영비율'에 따라 550만 원의 60%인 330만 원으로 산출된다. 따라서 A팀원의 당해 총성과급은 조직성과급 220만 원과 개인성과급 330만 원을 합한 550만 원으로 산정된다.

3 경력개발·승진제도

현대카드·현대캐피탈은 다양한 인재를 영입하고 유지하기 위한 효율적인 인사시스템 확보의 필요성을 느끼고 2003년 신인사제도의 도입과 함께 직무 특성을 반영한 차별적인 인사관리를 해왔다. 이를 위해 직무가치에 상관없이 획일적으로 관리되어오던 직무분류체계를 개선하여 일반직과 사무직으로 구분하여 직계를 수립하고, 일반직의 경우 그 아래 부문, 직군, 직렬, 직무 순으로 직군체계를 구축했다. 이로써 경력개발의 체계와 원칙을 수립하여 직무 수행을 위한 인적자원 육성과 활용의 틀이 마련되었고, 승진과 보상 등에서 차별화된 맞춤형 인사관리가 가능하게 되었다.

일반직 근로자는 해당 분야와 직무의 전문성을 바탕으로 회사에 기여하는 업무를 수행하며, 성취한 성과에 따라 기본연봉과 성과급이 결정되는 연봉제를 적용하는 반면, 사무직의 경우 표준화된 지침과 절차, 과거의 선례와 경험에 의해 수행되는 직무가치가 상대적으로 낮은 업무를 담당한다. 이런 이유로 사무직 근로자는 근무 연한을 주요 근거로 개인의 업무성과에 따라 급여가 산정되는 호봉제를 적용받는다.

일반직 근로자를 대상으로 한 개인별 경력개발경로는 경영기획, 고객관리, 일반영업과 같은 직군을 기준으로 운영되며, 인사이동은 인사팀 주관의 전환배치와 커리어마켓을 통해 부문(예: 영업지원, 경영관리) 간 전환이 이루어지도록 하고 있다. 신입사원 채용은 부문 단위로 실시하고 있으며, 경력사원의 경우 좀 더 역할과 책임이 세분화되는 직렬(예: 인사, 재무, 홍보) 단위로 채용하고 있다.

2003년 신인사제도 도입 이후, 개별 업무의 기능에 따라 직무를 다시 구분하여 조직 및 개인의 성과창출에 요구되는 전문 역량의 체계적인 확보와 경력개발을 통한 직무가치 향상을 도모해오고 있다. 뿐만 아니라 보상과 각종 수당의 척도로서 활용되는 직무의 유연한 관리를 통해 경영의 합리화와 비정규직법 같은 법규 준수에 만전을 기하고 있다. 이에 따라 직무는 보직자를 비롯하여 정규직(일반·사무직)에 해당하는 기획·운영업무로 구분하여 관리되고 있다.

현대카드·현대캐피탈은 일반직과 사무직으로 직계를 구분하여 인력관리를 시행하고 있으며, 계약직과 파견직 근로자는 1년 단위 계약을 기본으로 각각 최장 2년까지 근무할 수 있도록 하고 있다.

일반직의 경우 G6 5급 사원부터 G1 부장까지 직급이 분류되며, 사무직의 경우 L5 사원에서 L1 전임까지 운영되고 있다. 일반직과 사무직의 직급별 표준 체류 연한은 개인 종합평가에서 매년 B등급을 부여받을 때 승진심사 대상자에 포함이 되기까지 평균 기간을 나타낸다.

비정규직으로 분류되는 계약직과 파견직 근로자는 2년 후 계약이 만료되는 시점에 우수사원을 대상으로 파견직 근로자의 경우 계약직으로, 계약직 근로자의 경우 정규직인 사무직 L5로 전환 가능하도록 제도를 마련해놓고 있다. 또한 사무직 L5 사원에 한해서 동일 직계 내에서 승진하는 대신에, 전환고시를 통해 일반직 4급 사원으로의 직계전환이 가능하도록 하고 있다.

현대카드·현대캐피탈은 일반직의 경우 승진포인트 제도를 적용하여 핵심인재가 고속승진을 할 수 있도록 제도를 운영하고 있으며, 사무직 사원에 대해서는 승호를 부여함으로써 해당 직급에서 요구하는 최소 호봉을 충족시키는 사원을 승진심사 대상자에 포함하고 있다. 승진포인트·호봉 부여 기준'에 따르면, 일반직의 경우 개인의 종합평가결과를 바탕으로 직급과 평가등급에 따라 승진포인트가 달리 부여되는 것을 알 수 있다. 예를 들어, 종합평가에서 S등급을 부여받은 차장급 사원은 승진포인트로 170점을 받고, C등급을 받은 경우 85점이 주어진다. 반면에, S등급을 받은 대리급 사원은 승진포인트로 200점을 받고, C등급을 받은 경우 80점이 승진포인트로 누적된다. 따라서 종합평가등급은 승진대상자 자격을 획득하기 위해 직급별로 도달해야 하는 최소 승진포인트를 만족시키는 기간에 영향을 미친다. 매년 종합평가에서 B등급, 따라서 승진포인트로 100점을 부여받을 때 적용되는 표준 체류 연한을 중심으로 차장·과장과 5급 사원은 3~7년 사이에 승진대상 자격을 얻게 되며, 대리급 사원과 4급 사원은 2~6년 사이에 자격획득의 기회가 주어지도록 승진포인트 제도가 설계되어 있다. 또한 일반직 중도입사자(예: 경력직)의 경우 평가가 이루어지지 않은 기간에 대해서는 일괄적으로 매해 100점(B등급)을 인정하고 있다. 예를 들어, 대리 3년 차 입사 시에는 승진포인트로 200점을 부여한다.

사무직 근로자는 매년 개인종합평가등급에 따라 승호가 결정되고, 누적된 호봉은 마찬가지로 승진대상자 자격획득에 반영된다. 사무직의 경우 종합평가결과에 의해서만 승호가 결정되며, 4~5년의 직급별 표준 체류 연한을 바탕으로 해당 직급에서 최소 2년간 근무 후(S등급 기준) 승진대상 자격을 얻을 수 있도록 하고 있다.

최소 기준을 만족하는 승진포인트(일반직)와 호봉(사무직)이 승진 대상자 그룹에 선정이 되기 위한 유일한 요소가 아니라는 것에 유의할 필요가 있다. 일반직은 승진포인트 외에도 직급별로 필수 및 선택 교육과정 10학점을 이수하도록 하고 있으며, 사무직의 경우 6학점을 이수해야 승진 대상자로 선발될 수 있다. 또한 공통적으로 해당 직급에서 근무하는 동안 감봉 이상의 징계처분 사실이 없거나 징계효과가 소멸되었을 시에만 승진대상자로 선정될 수 있다.

승진대상자로 선정된 사원들 중에서 4급 사원부터 차장까지의 일반직 근로자는 업적평가와 역량평가로 구성되는 100점 만점의 인사평가결과를 토대로, 가점을 반영하여 승진심사를 실시한다. 그리고 L5 사무직 사원은 본인의 희망에 따라 일반직으로 직계전환을 신청할 경우 최초 1회에 한하여 사무직 종합평가결과 70%와 전환고시 성적 30%를 반영하고, 대상이 되는 개인 가점을 고려해 인사위원회의 심의를 거쳐 G5 4급 사원으로 직계전환을 확정하게 된다.

승진고과에 반영되는 가점은 기준이 되는 점수에 따라 어학성적 2점, 포상 2점(대통령, 그룹회장, 장관급 이상, 대표이사 표창), 그리고 기본 직무시험에서 우수한 성적을 거둔 사원에게 1점을 부여하고 있다. 뿐만 아니라 CLB(change leader board) 위원으로 활동할 경우 공로를 인정하여 1점을 부여하고, 각종 자격증 취득 난이도별로 등급을 적용해 개인별로 총 3점을 가점으로 활용하고 있다.

4 HyFA 교육제도

HyFA 교육제도는 인적 경쟁력 향상을 통한 조직역량 확보를 주요 방향성으로 사원 육성 강화를 위한 교육제도로 진화해왔다. 독특하고 체계화된 교육훈련을 통해 회사에 대한 자부심, 리더십 역량, 금융전문가로서의 자질, 국제적 감각과 윤리의식을 골고루 갖춘 '현대카드·현대캐피탈스러운' 인재를 육성하는 데 초점이 맞춰져 있다.

육성형 신평가제도가 도입된 2006년을 기점으로 기존의 집합·필수 교육과정 위주의 일방적인 교육제도를 총체적으로 개선해 선택과 선발형 교육과정 중심의 HyFA 교육체계를 확립하였다. 이에 따라 교육제도가 전체 인사제도에서 차지하는 비중과 중요성은 더욱 커졌다. 이는 사원의 교육훈련을 담당하는 교육제도가 다른 인사 기능의 효과적인 운영을 위해 지원하는 역할에서 벗어나, 평가와 보상과 같은 인사시스템을 구성하는 개별 인사 기능 간 시너지(synergy)를 창출하는 구심적인 역할로의 전환을 의미했다. 이런 배경에는 주도적인 경력개발을 위해 교육제도와의 연계성이 강조된 커리어마켓의 도입과 개인의 역량 강화에 중점을 둔 평가제도, 그리고 3대 포럼을 중심으로 전사전략-경영키워드-교육과정의 연계강화가 있다. 또한 무관용 원칙이 엄격하게 적용되는 가운데 창의와 혁신을 거듭 강조하는 기업문화는 윤리경영과 다양한 문화·교양강좌를 제공함으로써 현대카드·현대캐피탈만의 고유한 조직문화를 형성하는 HyFA 교육제도에 의존하게 되었다. 뿐만 아니라 뛰어난 인재개발 프로그램 운영으로 유명한 글로벌 기업 GE와의 파트너십은 상호 협력을 통한 교육과정 수립과 교육내용의 적극적인 벤치마킹을 통해 HyFA 교육제도의 전반적인 수준을 향상시키는 데 크게 기여했다. 이를 바탕으로 2009년 현재 운영되고 있는 HyFA 교육제도의 주요 특징을 다음과 같이 요약할 수 있다.

- 필수, 선택, 선발 기반의 다양한 교육서비스
- 조직문화 구축을 위한 교양·가족 프로그램
- 전략–키워드–교육과정의 연계 강화
- GE 크로톤빌과 협력체계 구축

HyFA 교육제도는 개별 교육프로그램의 특성에 따라 제너럴 아카데미, 프로페셔널 아카데미, 리더십 아카데미, 글로벌 아카데미로 분류된다. 제너럴 아카데미는 신입사원과 경력직 채용 인력을 대상으로 현대카드·현대캐피탈의 공유가치의 전파하고 회사에 대한 자부심을 고취시키려는 목적의

〈그림 Ⅴ-6〉 HyFA 교육제도의 구성과 주요 특징

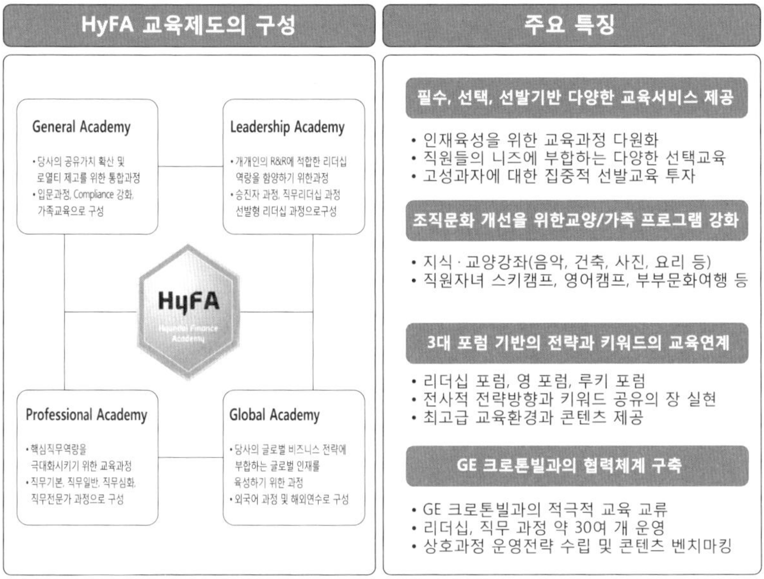

통합과정으로 구성되는 한편, 프로페셔널 아카데미는 핵심직무역량을 강화하는 교육으로 구성되어 있다. 직무기본, 직무일반, 직무심화, 그리고 직무전문가 과정을 직책과 역량별로 운영하고 있다.

리더십 아카데미는 개인의 역할과 책임에 적합한 관리역량과 리더십을 함양하기 위한 다양한 필수과정·선택과정·선발교육과정으로 이루어져 있으며, 글로벌 아카데미는 현대카드·현대캐피탈의 해외사업전략에 부합하고 국제적 감각이 있는 금융전문가를 육성하기 위한 교육프로그램으로 구성되어 있다.

HyFA 교육제도는 시장원리에 입각한 자기주도적인 경력개발제도를 지원하고, 필수교육을 비롯하여 선택과정과 선발교육과정의 다원화를 통해 자발적인 학습동기를 유발하는 데 기본 방향성을 맞추고 있다. 다만, 승진대상자 선정기준에 해당 직급 연한 내에 이수해야 하는 최소한의 교육학점 기준을 두어 균형을 이루고 있다. 일반직의 경우 필수과정 4학점과 선택과정 6학점을 이수해야 승진대상자에 선정될 수 있는 자격을 부여받도록 하고, 사무직은 필수과정 2학점과 선택과정 4학점을 최소 기준으로 마련해놓고 있다. 제너럴 아카데미는 기업윤리에 대한 기본과정과 심화과정, 그리고 신규 채용인력을 대상으로 중국 GE 연수원(Crotonville China) 연수, 해외 그룹사 탐방, 봉사활동 같은 다양한 경험을 제공하고, 사원가족이 참여할 수 있는 프로그램으로 구성된다. 인턴십 참가자들과 신입·경력직 채용 사원들은 전략과 공유가치 전파에 초점이 맞춰진 집채 입문과정을 통해 변화, 전략, 속도, 그리고 혁신을 끊임없이 강조하는 4대 경영방침을 습득하게 된다. 특히 고객정보 보안, 성희롱 예방, 그리고 협력업체와의 거래투명성에 역점을 두는 무관용 원칙과 관련된 윤리경영 기본과정과 심화과정을 필수로 이수하도록 한 것이 특징이다. 또한 제너럴 아카데미는 사원 자녀에게 스키캠프와 영어캠프를 제공하고, 임직원과 가족이 참여하는 캠프와 부부 단위의 문화체험을 제공하고 있다.

프로페셔널 아카데미는 현대카드·현대캐피탈의 주요 사업 부문에 대한 사원들의 이해를 높이기 위해 카드업과 여신 금융업 기본과정을 반드시 이수하도록 하고 있다. 다양한 직무선택과정을 개설하여 총 31개의 다양한 사이버 직무선택교육과 데이터 활용과정, 그리고 임원 정보화 과정과 직무 심화과정을 직책과 역량 수준별로 운영하고 있다. 직무역량 향상을 위한 교육과정 외에도 프로페셔널 아카데미는 선발된 우수인력을 대상으로 다양한 종류의 GE 연수원 전문가 과정, 사내 강사 양성 과정, 업무와 병행하는 국내 야간 MBA(경영학석사) 과정을 제공하고 있다.

리더십 아카데미는 개인의 역할과 책임에 따른 관리역량과 리더십을 개발하기 위한 프로그램으로 구성되어 있으며, 직급별로 개인의 역량을 강화하기 위한 승진자 과정과 조직장 과정을 대상자들에게 필수로 이수하도록 하고 있다. 그리고 직무에 따라 차별화된 직무 리더십 과정을 31개 온·오프라인 선택과목으로 운영하고 있다. 선발된 우수사원이 참가하여 전사전략과 키워드를 공유하는 영 포럼과 리더십 포럼을 비롯하여, 리더십 아카데미는 GE 연계 리더십 과정과 해외 대학 단기연수, 그리고 최고경영자 과정과 같은 선발형 리더십 과정을 제공하고 있다.

〈그림 Ⅴ-7〉 GE 연계 교육프로그램 현황

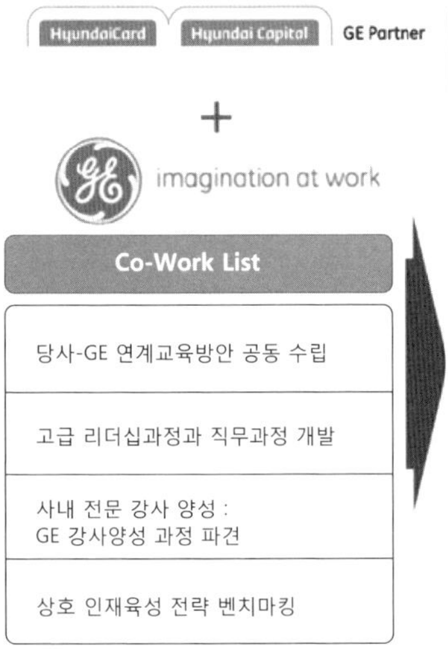

GE 연계 교육현황

구분	과정명	대상	장소
리더십/혁신	JV SMT Training	팀장~실장	미국 Stamford 러닝 센터/Crotonville
	Leader of People	대리~과장	싱가폴 러닝센터
	CAP Coaches Workshop	대리급	GE 타워(국내)
직무스킬	C-Tran Tools	팀장급	미국 Stamford 러닝 센터
	C-Tran Accelerator	대리~과장	방콕 연수센터
	Account Manager Excellence	대리~과장	방콕 연수센터
	Marketing Conference	대리~팀장	비엔나 힐튼호텔
	CECOR Workshop	과장	GE 타워(국내)
	Sales Excellence Workshop	대리~과장	방콕 연수센터
신입사원	상반기 OT	대졸 신입사원	Crotonville Shanghai
	하반기 OT		
총계	11개 과정		

글로벌 아카데미는 다양한 외국어 학습과 관련된 선택과정·선발과정과 해외연수, 글로벌 배낭여행 등을 운영하고 있다. 특히 영어학습의 경우 기초부터 심화과정까지 다양한 수준의 사이버 강의를 개설하고 있으며, 외국어 집중과정을 통해 외부 어학원과 연계하여 개인의 레벨 관리가 이루어지도록 하고 있다. 그리고 선발된 사원을 대상으로 외국어 합숙 과정과 우수사원 해외연수, 그리고 매월 한 팀에게 자유 문화탐방을 위해 글로벌 배낭여행 기회를 제공하고 있다.

현대카드·현대캐피탈은 사업전략 부문뿐만 아니라 교육 부문에서도 GE와 실질적인 협력체계를 구축하여 연계교육방안을 공동 수립하고, HyFA 교육제도와 연계된 각종 교육프로그램을 운영 중이다.

인재육성전략의 양사 간 벤치마킹을 통해 선발형 고급 리더십 과정과 혁신과정을 개발하고, 사내 전문강사 양성의 일환으로 GE 연수원 강사양성 과정에 인력을 파견하는 등 직무·스킬과정과 신입사원 오리엔테이션에 이르는 총 11개 과정을 GE와 연계하여 국내외 교육장에서 운영하고 있다.

5 복리후생제도

현대카드·현대캐피탈은 임직원들의 주거안정과 건강관리, 그리고 생활지원·문화활동과 관련하여 다양한 복리후생을 제공하고 있으며, 개인이 개별 제도를 필요에 따라 선택할 수 있는 카페테리아(cafeteria) 방식으로 운영된다.

회사는 주거안정을 위해 비연고자를 대상으로 한 사택지원과 사택보조금을 비롯하여, 전 임직원에게 필요 시 전세자금과 주택구입자금을 대출해주고 있다. 건강증진을 위해 전 사원을 대상으로 정기 일반검진을 실시하고 선별적으로 종합검진을 제공하고 있다. 또한 필요에 따라 연간 1천만 원 한도 내에서 의료비를 지원하고, 전 임직원이 단체상해보험에 자동으로 가입되어 필요에 따라 혜택을 받도록 하고 있다.

생활지원을 위해 연간 120만 원의 유아교육비(만 4~6세)와 국내외 고등학교 또는 대학교 학자금 전액을 임직원 자녀에게 지원하고 있으며, 동호회비를 포함한 각종 경조금, 명절 및 결혼기념 선물을 지급하고 있다. 뿐만 아니라 전국 여러 휴양소(호텔·콘도)를 연간 2박 3일 동안 여가선용을 위해 이용할 수 있도록 지원하고 있으며, 차장급 이상 보직자에게는 월 25만 원의 유류비가 지급된다. 또한 직급과 근속 연수에 의거하여 현대차그룹의 차종을 대상으로 최소 8%에서 최대 30%까지 차량구입비를 지원하고 있다.

제 VI 장

변화와 혁신에 대한 평가와 전망

1 성과

제VI장에서는 직원만족도조사 결과를 이용하여 2003년 이후 현대카드·현대캐피탈의 변화와 혁신에 대해 평가해본다. 현대카드·현대캐피탈은 2003년부터 직원만족도조사를 실시해오고 있으며, 그 결과를 부서장급 이상의 보직자들이 참석하는 리더십 포럼(leadership forum)에서 발표하고 개선 과제를 논의한다. 〈그림 VI-1〉에 나타난 바와 같이 현대카드·현대캐피탈은 다각도에서 제도를 보완하고 전 방위 경영혁신을 이룸으로써 지난 7년여에 걸쳐 직원만족도는 지속적으로 개선되어왔다.

먼저, 직원만족도조사(ESI)가 처음 실시되었던 2003년 이래 현대카드·현대캐피탈의 만족도지수는 줄곧 상승되는 추이를 보이고 있다. 2007년부터 조사를 시작한 현대커머셜 또한 2008년과 2009년에 걸쳐 꾸준히 지수가

〈그림 Ⅵ-1〉 ESI의 연도별 전체 평균

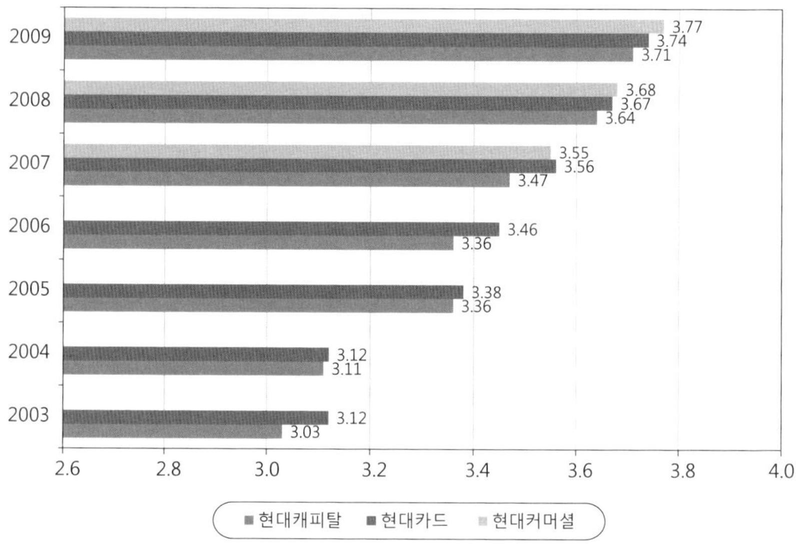

향상되고 있다. 직원만족도조사(ESI)의 상반기 기준 3사 평균은 2003년 3.08(5점 만점)을 기록해 설문에 응답한 사원들이 조직운영 전반에 대해 매우 낮은 수준의 만족도를 표시한 것으로 나타났다. 이후 당시 위기상황에서 벗어나기 위해 정태영 사장의 리더십을 중심으로 경영쇄신을 추진했고 2004년 GE와의 JV(joint venture)가 출범했으며, 이후 흑자로 전환되었다. 동시에 진행된 조직문화의 변화는 직원만족도 향상에 긍정적인 기여를 한 것으로 평가된다. 실제로, 2004년 3.19에 머물러 있던 직원만족도 점수는 2005년 0.18포인트 증가한 3.37을 기록해 응답자 중 만족감을 나타내는 사원의 비율이 다소 증가했음을 나타냈다. 흥미로운 점은 기존의 '사정형' 평가 위주의 신인사시스템을 보완해 '육성형' 신평가제도를 도입한 2006년 이후 다시 직원만족도조사(ESI) 결과가 가파르게 향상되는 추이를 보인다는 것이다. 2006년을 기점으로 2009년까지 직원만족도 점수는 3.39에서 3.72로 향상되어 0.33포인트의 증가폭을 나타냈다.

〈그림 Ⅵ-2〉는 2006년부터 2009년까지의 직원만족도조사 결과를 점수

〈그림 Ⅵ-2〉 ESI의 연도별 만족도 비율

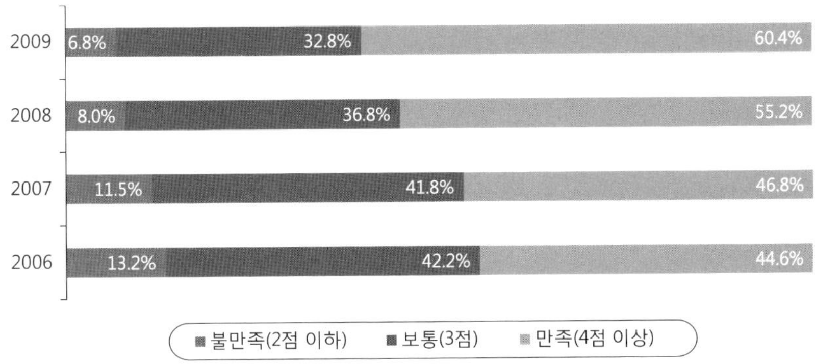

대별로 분석한 것이다. 2006년 응답자 중 44.6%가 만족감(4점 이상)을 나타낸 반면, 2009년에는 만족도가 크게 향상되어 60.4%의 응답자들이 만족감을 나타냈다. 같은 기간 동안 불만족(2점 이하)을 표현한 응답자의 비율은 13.2%에서 6.8%로 감소했다.

2007년부터 2009년까지 6개 대항목별 변화 추이를 보면, 모든 항목에서 지속적인 개선 추이가 나타나는 것으로 보인다(〈그림 Ⅵ-3〉 참조). 비전·전략 부문은 직원만족도조사(ESI)에서 매년 만족도가 가장 높은 항목으로 보고되고 있으며, 2009년에도 전년 대비 상승폭이 가장 큰 0.11포인트가 향상되어 4.13을 기록했다. 설문 결과에 따르면, '조직역량'에 대한 만족도(4.23)가 높고, 특히 지속적 경쟁우위에 대한 믿음이 큰 것으로 나타났다. 한편 '회사의 성장 가능성'은 4.30으로 매우 높은데 비해 '회사에서 개인의 성장 가능성'은 다소 낮은 3.78로 보고되었다. 회사와 본인의 성장 가능성의 차이에 대한 이유를 묻는 기술식 문항에서 응답자의 64%가 '개인의 능력 부족'이라고 답했다. 이들은 회사의 변화 속도를 자신이 따라가지 못한다고 인식하고 있었으며, 운영업무 위주의 업무수행으로 전략적 업무수행이 어렵다고 응답했다. 이에 따라 사원의 역량 강화와 이를 조직성과 향상에 연계시키는 방안이 필요하다고 보인다.

2009년 실시된 직원만족도조사에서도 상승 기조를 유지하고 있지만 커

〈그림 Ⅵ-3〉 6개 대항목별 직원만족도 개선 추이

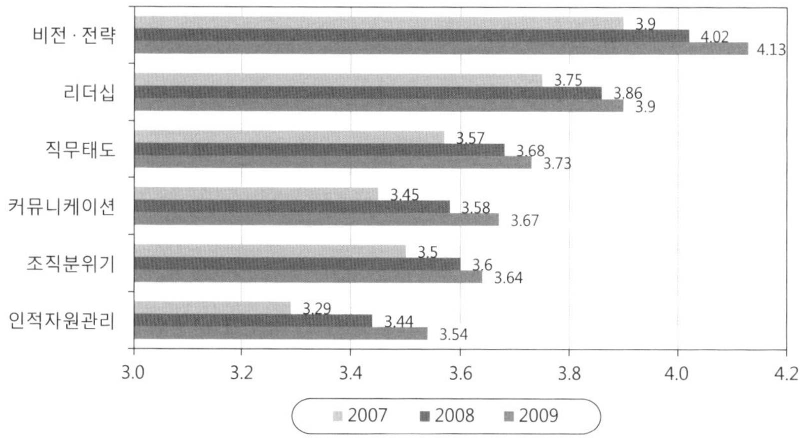

뮤니케이션, 조직분위기와 인적자원관리 부문이 비전·전략과 리더십에 비해 상대적으로 낮게 측정되었다. 커뮤니케이션과 관련하여 전사 커뮤니케이션 항목이 전년 대비 0.09포인트 향상된 것으로 나타났는데, 이는 Home & Away, Market Place(임원합동근무), 임원 특강 같은 새로운 커뮤니케이션 채널 도입이 긍정적인 효과를 가져온 것으로 판단된다. 상대적으로 낮은 만족도를 보이던 부서 간 커뮤니케이션도 2008년과 비교해 0.10포인트 상승한 3.40을 나타냈다. 향상도는 큰 반면 만족도 측면에서 개선의 여지가 있으므로 부서 간 유기적 협조를 위해 부서장들의 노력이 필요한 것으로 보인다.

2009년 직원만족도조사에서는 기업윤리(4.05), 창의성·혁신(3.77) 같은 조직분위기 관련 세부 항목에서 전년 대비 크게 향상되었지만, '일과 삶의 균형' 항목은 0.23포인트가 하락한 3.39를 기록하였다. 일과 삶의 균형은 3.67로 측정되었던 2007년을 기점으로, 특히 거점의 영업환경과 연체 채권의 회수가 어려워지는 가운데, 매년 조금씩 하락하는 추세를 보이고 있어 시 관리자들의 적극적인 관심과 배려가 필요한 것으로 판단된다. 일과 삶의 균형을 해치는 또 다른 원인으로 업무부담이 지적되었다. 관련 주관식 문항에서 응답자의 75%가 불필요한 보고서 작성과 같은 비효율적인 업무 지시를 실례로 들었고, 응답자의 16%는 불분명한 업무지시가 개인의 업무를 가중시킨다고 답했다. 과도한 업무부담은 한국의 많은 대기업에서 사원들이 공통적으로 지적하는 문제점이다. 기업 간 경쟁이 점점 치열해지면서 업무량이 증가하고 있는데, 이는 서구에서도 나타나는 현상이다. 이에 GE는 잭 웰치(Jack Welch) 회장 재임 당시 워크아웃(Work-Out)이라는 혁신활동을 통해 불필요한 업무를 줄이고 업무 간소화를 대대적으로 추진하여 업무 부담을 간소화하였다. 현대카드·현대캐피탈도 이를 고려할 필요가 있다고 보인다.

6개 대항목 중에서는 인적자원관리 부문의 만족도가 가장 낮았다. 지난 3년간 지속적으로 만족도가 증가한 것은 고무적인 현상이지만 2009년 현재 만족도가 3.54에 머문 것은 저조한 것이라고 하겠다. 인적자원관리 전반에 걸쳐 다시 새로운 전략을 수립하고 개선을 추구하는 노력이 필요한 것으로 보인다. 인적자원관리 부문에서는 2009년 인사 관련 조사 항목 전부가 향상된 것이 시선을 끈다. 특히 교육은 전년도 3.60에서 0.11포인트 상승한 3.71을 기록해 많은 응답자들이 만족감을 나타내는 것으로 나타났다. 이는 '다양하고 체계적인 교육과정운영' 항목에서 사용자들에게 높은 평가를 받은 데 기인하는 것으로 향후 스터디마켓(study market)의 성공적인 정착을 통해 더 개선할 수 있을 것으로 보인다. 인적자원관리 부문에서 가장 낮은 만족도를 보이던 '복리후생' 항목은 2009년 조사에서 0.16포인드가 상승한 3.31로 측정되었다. 2008년 하반기에 의료비 지원범위 확대, 주택자금 대출한도 상향 조정 및 기간 확대, 경조금 상향 조정 등 사원들에게 실질적으로 필요한 사항을 반영한 제도개선의 결과로 보인다.

직원만족도조사 외에도 조직문화와 근무환경이 전반적으로 향상되는지를 간접적으로 측정할 수 있는 지표로 임직원 이직률이 쓰인다. 〈그림 Ⅵ-4〉에 나타난 것처럼 증가 추세를 보이던 이직률은 신인사제도가 도입된 2004년을 정점으로 꾸준히 개선되는 양상을 보이고 있다.

현대카드의 경우 12.2%의 비교적 높은 이직률을 기록했던 2004년을 시

〈그림 Ⅵ-4〉 이직률 개선 추이

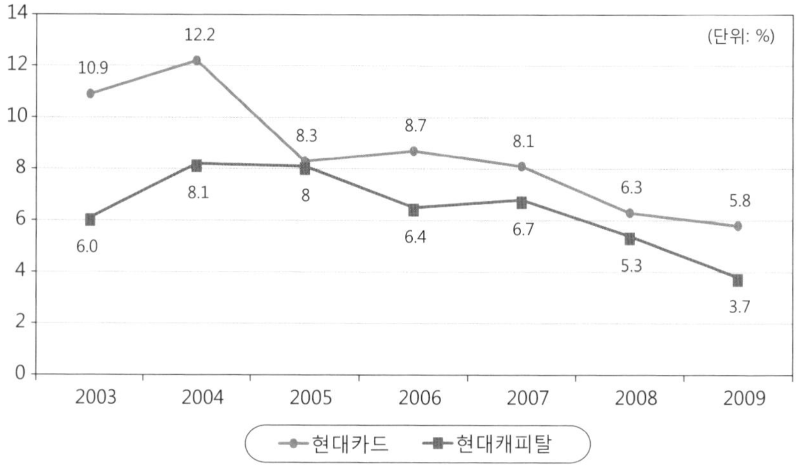

작으로 2005년과 2006년 사이에 소폭 상승한 것을 제외하고는 지속적으로 이직률이 개선되어 2009년에는 5.8%를 나타내고 있다. 현대캐피탈의 경우도 2004년을 최고점(8.1%)으로 2009년까지 5년간 이직률이 4.4.% 포인트 감소하여 3.7%를 기록하고 있다.

이상 현대카드·현대캐피탈의 직원만족도와 이직률 변화 추이를 보면 일부 영역에 문제점이 있으나 전반적으로 매우 고무적인 개선 추세를 보이고 있다. 따라서 변화와 혁신을 추구하는 현재의 기조를 이어가면서 문제 영역에 대한 체계적인 진단과 개선작업이 수반된다면 한 단계 더 도약할 수 있을 것으로 보인다.

현대카드·현대캐피탈이 2003년 이후 보여준 조직문화와 인사제도의 혁신과 뛰어난 경영성과를 대외적으로 인정받아 각종 기관이 꼽은 최우수기업에 선정되었다. 현대카드·현대캐피탈은 2007년과 2008년에 한국능률협회가 선정한 '한국에서 가장 존경받는 기업' 신용카드 부문 2년 연속 1위를 기록했다. 그리고 한국능률협회에서 직장인과 취업예정자를 대상으로 설문조사를 실시한 결과 2008년과 2009년에 이어 2010년까지 3년 연속으로 신용카드 부문 '한국에서 가장 일하고 싶은 기업' 1위에 선정되었으며, 인적

〈그림 Ⅵ-5〉 현대카드·현대캐피탈의 재무성과

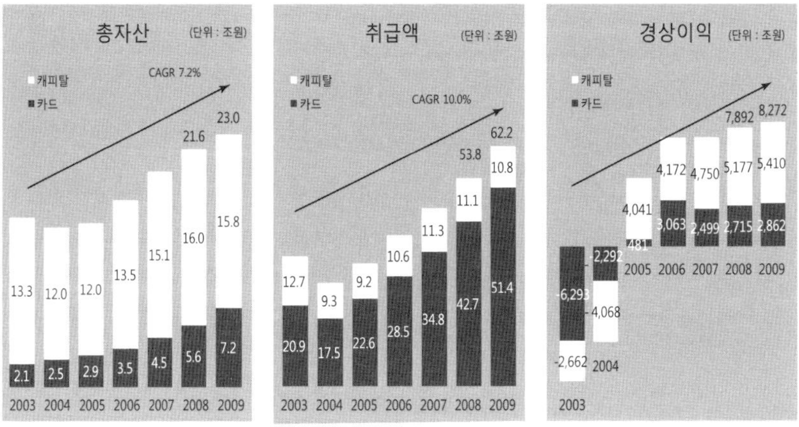

자원개발협회는 현대카드·현대캐피탈을 '인적자원개발(HRD) 부문 종합대상' 기업으로 선정하였다. 또한 한국경제신문에서 주최한 2009년 '일하기 좋은 회사' 부문에서 대상을 수상하였다. 실제로 금융업뿐 아니라 타 업종에서도 많은 직장인이 현대카드·현대캐피탈을 매우 매력적인 직장으로 인식하고 있고 현대카드·현대캐피탈에 입사를 희망하는 인력의 질이 과거와 비교할 수 없을 정도로 높아지고 있다. 즉, 현대카드·현대캐피탈의 변화와 혁신으로 인해 높은 고용주 브랜드(employer brand)를 구축하게 된 것이다. 고용주 브랜드란 제품과 서비스에서의 브랜드 개념에서 차용된 개념으로 '(잠재적 지원자에게 평가받고 있는) 고용주로서의 명성'을 가리킨다. 우수한 인재를 유치하고 유지하기 위해 고용주 브랜드는 매우 중요하며 현대카드·현대캐피탈은 이 분야에서도 업계 최고 수준의 평가를 받고 있다. 또한 현대카드·현대캐피탈의 성공으로 인해 청와대와 서울시청 같은 정부기관에서 GE와 같은 글로벌 기업까지 현대카드·현대캐피탈을 벤치마킹하기 위해 방문하는 등 현대카드·현대캐피탈의 변화는 가히 국제적인 이슈가 되었다고 할 수 있다.

현대카드·현대캐피탈이 이루어온 변화와 혁신은 회사의 재무성과에도 그대로 반영되고 있다. 〈그림 Ⅵ-5〉에 나타난 바와 같이 2003년 이후 총자산, 취급액, 경상이익 등 모든 면에서 비약적인 성장을 기록하고 있다.

이러한 성공의 이면에는 현대카드·현대캐피탈이 추구해온 조직문화의 변화와 혁신이 있다. 이 책의 앞부분에서 자세히 설명한 대로 현대카드·현대캐피탈의 인사제도와 조직문화는 독특하고 혁신적인 면모를 많이 가지고 있다. 그러나 모든 것이 새롭고 혁신적인 것은 아니며 앞서 지적한 대로 일부 영역에서는 아직도 상당히 개선해야 할 점이 있기도 하다. 이러한 한계와 문제점에도 불구하고 현대카드·현대캐피탈의 변화와 혁신 과정을 보면 확실히 타 기업과 다른 면모가 두드러지며 이는 다른 기업에게 중요한 시사점을 던져준다. 아래에서는 현대카드·현대캐피탈이 인사·조직상의 변화와 혁신을 성공적으로 이루어낼 수 있었던 요인을 몇 가지로 정리하여 살펴보겠다.

2 변화와 혁신의 성공요인

1) 성과와 직결된 핵심가치의 집요한 추구

그동안 현대카드·현대캐피탈에서 조직의 변화와 혁신이 지속적으로 이루어진 것은 '4대 경영방침(변화, 전략, 스피드, 혁신)'이라는 핵심가치를 중심으로 이를 구현하기 위해 조직문화와 인사제도상의 변화를 끊임없이 추구해왔기 때문이다. 달리 표현하면, 제 I 장에서 언급한 핵심가치에 기반을 둔 경영(value-based management)을 집요하게 추구해왔기 때문이다. 현대의 경영에서 핵심가치를 표방하고 이를 추구하는 것이 중요하다는 것은 이제 널리 알려졌다. 현대카드·현대캐피탈은 다른 기업과 달리 단지 핵심가치를 추구한 것이 아니라 성과와 직결된 핵심가치를 설정하고 이를 집요하게 추구해왔다.

현대카드·현대캐피탈이 핵심가치인 4대 경영방침을 집요하게 추구할 수 있었던 이유는 4대 경영방침이 금융업계의 치열한 경쟁 속에서 앞서갈 수 있는 핵심적 요소를 담고 있기 때문이다. 현대카드·현대캐피탈은 금융업의 특성상 고객을 위한 새롭고 혁신적인 서비스를 개발해야 하지만 이러한 서비스는 결국 경쟁기업에 의해 모방되거나 환경의 변화로 인해 진부하게 되기 때문에 회사는 끊임없이 경쟁기업을 앞서는 변화와 혁신을 이루어가야 하며 이는 전략, 조직문화, 인사제도가 함께 보조를 맞출 때 제대로 달성될 수 있다. 이러한 상황 속에서 현대카드·현대캐피탈의 핵심가치는 회사가 처한 경쟁 환경을 헤쳐갈 수 있는 방법을 제시하는 유일한 길이라 할 수 있다.

현대카드·현대캐피탈의 핵심가치가 성과달성에 직결된 또 하나의 이유는 2003년 이후 우수인력을 조직 외부에서 대거 영입하면서 이들 인력이 기존의 연공서열을 중심으로 한 성과지향성이 약하던 조직문화 속에 매몰되지 않도록 조직을 새롭게 혁신시켜야 했기 때문이었다. 만일 4대 경영방침이 표방하는 정신이 현대카드·현대캐피탈에서 실현되지 못하면 많은 비용을 지불하고 영입한 인력이 제대로 역량을 발휘할 수 있는 토양이 조성될 수 없고 회사는 성장하기 어려웠을 것이다. 이처럼 4대 경영방침이 중요했기 때문에 현대카드·현대캐피탈은 여기에 자세한 뜻풀이까지 붙이고 있는 것이다. 예를 들어, 그냥 '변화'가 아니라 '변화의 핵심은 Never Ending'이며, 그냥 '혁신'이 아니라 '혁신이 유일한 성공과 존재의 이유'인 것이다. 이는 4대 경영방침이 회사의 전략과 성공에 긴밀히 연결되어 있음을 나타내며, 단지 액자 속의 핵심가치가 아니라 지금 조직에 살아 숨 쉬는 핵심가치라는 것을 말해준다.

현대카드·현대캐피탈과 경쟁하는 다른 기업도 현대카드·현대캐피탈과 유사한 상황에 처해 있으며 결국 어느 정도 유사한 핵심가치와 전략을 추구하게 되는데, 다른 기업보다 현대카드·현대캐피탈의 변화와 혁신이 더 좋은 평가를 받는 이유는 핵심가치를 더욱 집요하게 추구하며 혁신적이고 발빠른 전략의 변화, 조직문화와 인사제도의 변화를 이루어왔다는 점이다. 인텔의 창업자인 앤디 그로브(Andy Grove) 전임 회장은 "Only the paranoid survive(편집광만이 살아남는다)"라는 유명한 말을 남겼다. 이는 치열한 경쟁 환경 속에서 편집광적인 집요함을 가진 자만이 살아남는다는 뜻이다. 현대카드·현대캐피탈이 2003년 이후 이루어온 변화와 혁신은 금융업계의 치열한 경쟁 속에서 살아남고 앞서가기 위한 집요한 노력의 산물이었다. 현대카드·현대캐피탈의 집요한 변화와 혁신의 정신은 업계의 최고 수준으로 인정받은 지금도 새로운 변화와 혁신을 준비하게 하고 있다.

2) 모험적 변화의 추구

현대카드·현대캐피탈의 변화와 혁신이 성공한 두 번째 요인은 변화의 과정에서 업계의 상식이나 기존의 틀을 깨는 커다란 변화나 모험도 불사했다는 점이다. 모험과 이의 성공은 변화와 혁신을 계속 추구하는 데 있어서 매우 중요한 요소다. 조직이론가들은 조직의 성공적인 변화를 위해서는 점진적 변화(evolutionary change)와 혁명적 변화(revolutionary change)가 적절히 혼합되어 일어나야 하지만, 대다수 조직은 혁명적 변화가 가져오는 불편함과 비용으로 인해 점진적 변화만을 추구하며 이는 결국 조직의 성장을 가로막게 된다고 주장한다. 현대카드·현대캐피탈은 혁명적 변화라 부를 만한 커다란 변화나 제도의 개혁을 추구해온 조직이라 할 만하다.

인사·조직의 측면에서 현대카드·현대캐피탈이 일으킨 커다란 변화의 대표적인 예는 커리어마켓이 될 것이다. 사원과 부서가 인터넷상에서 자유로이 서로를 탐색하고 최적의 매치-메이킹(match-making)을 한다는 것은 이론상 그럴듯하나 이를 현실에서 제대로 구현하기는 매우 어렵다. 실제로 국내의 대표적인 몇몇 대기업이 현대카드·현대캐피탈보다 앞서 이 제도를 시도했으나 사원 혹은 부서의 잘못된 행태로 인해 제도를 포기하고 말았다. 현대카드·현대캐피탈의 경우 회사의 조직문화가 커리어마켓을 성공시킬 만한 수준이라고 판단했기에 제도화할 수 있었다고 정태영 사장은 설명하고 있다. 즉 계산된 위험(calculated risk)을 감수한 것이다. 그럼에도 불구하고 앞 장에서 논의한 것처럼 커리어마켓의 특성상 실시 과정에서 여러 문제점이 드러났고 이를 계속 보완함으로써 제도를 지속시켜왔다. 최고경영자까지 나서 제도의 성공을 위한 다각적 조처를 취하고 있고 지금도 제도의 보완과 관리를 통해 커리어마켓이 잡음 없이 운영되도록 하기 위해 노력하고 있다.

커리어마켓은 해외에서도 성공사례를 찾기 힘들 정도로 참신하고 혁신적 제도이기 때문에 현대카드·현대캐피탈이 이 제도의 성공을 위해 노력하는 것은 매우 중요하다고 보인다. 왜냐하면 커리어마켓은 현대카드·현대캐피탈의 조직문화가 다른 기업과 차별화된 점을 주장할 수 있는 주요한 근거이고 '현대카드·현대캐피탈스러움'을 대내외에 주장할 수 있는 가장 독특하고 상징적인 제도이기 때문이다. 이 외에도 현대카드·현대캐피탈은 여러 가지 실험적 시도를 하고 있는데, 현대카드·현대캐피탈이 보여준 모험과 실험의 정신은 천편일률적인 한국 경영계에 신선한 자극을 주고 있으며 국내외에서 커다란 관심의 대상이 되고 있다. 또 회사 내부적으로는 구성원에게 '회사가 남다르다'는 자부심을 심어주고 '변화와 혁신'을 주요소로 하는 현대카드·현대캐피탈의 핵심가치가 실제로 작동한다는 것을 느끼게 해준다. 결국 현대카드·현대캐피탈의 모험적 시도들은 상당한 성공을 거두었다고 평가할 수 있으며, 이는 지속적인 변화와 혁신을 추구하는 데 커다란 힘이 된다.

3) 조직문화의 지속적 변화를 위한 메커니즘 구축

현대카드·현대캐피탈의 변화와 혁신이 성공을 거둔 세 번째 이유는 조직문화의 지속적 변화를 일으키는 메커니즘을 구축했기 때문이라 할 수 있다. 변화의 메커니즘을 구성하는 주된 요소는 ① CLB(Change Leader Board), ② 계층별 포럼(리더십 포럼, 영 포럼, 루키 포럼), ③ 직원만족도조사와 개선작업 등이다.

'청년중역회의'라고 불리는 CLB는 앞에서 설명한 대로 현대카드·현대캐피탈에서는 과장급 이하 사원을 중심으로 사내의 문제점을 찾아 해결하는 조직이며, 계층별 포럼은 직급에 따른 포럼으로 전략, 조직문화 등 다양한 이슈가 의제가 된다. CLB와 계층별 포럼은 현대카드·현대캐피탈의 문제점을 파악하고 개선안을 찾는 역할을 하면서 회사에 지속적 변화를 일으키게 된다.

직원만족도조사는 조직 전반에 대한 진단을 통해 문제영역을 찾고 개선해가는 작업이다. 현대카드·현대캐피탈의 직원만족도조사는 여느 회사의 조사에서 볼 수 있는 일반적 항목이 주를 이루지만, 현대카드·현대캐피탈의 핵심가치를 반영하는 흥미로운 조사항목이 몇 가지 있다.

- 회사가 추진한 변화와 혁신에 대해 만족하는가?
- 창의적인 개인들이 조직에서 성공할 수 있도록 기회를 제공하는가?
- 회사는 변화에 대하여 두려워하지 않으며 새로운 시도에 적극적인가?

이러한 항목들은 변화와 혁신을 진정으로 추구하지 않는 조직에서는 물어볼 수 없는 '위험한' 항목들이며, 실제로 직원만족도조사를 하는 많은 기업에서 찾기 힘든 항목들이다. 이러한 항목들은 현대카드·현대캐피탈의 핵심가치가 액자 속의 핵심가치가 아니라 실제로 조직에서 살아 움직이는 핵심가치 혹은 회사가 그렇게 하기 위해 노력하는 핵심가치임을 말해준다.

현대카드·현대캐피탈에서는 CLB, 계층별 포럼, 직원만족도조사가 단지 형식적으로 진행되는 것이 아니라 조직의 지속적 변화와 혁신을 위해 진지하게 지속적으로 진행되기 때문에 현대카드·현대캐피탈을 변화·개선시키고 있다. 또 이들 제도는 조직의 지속적인 변화를 일으키는 주요 장치로서 이러한 메커니즘이 제대로 작동하도록 최고경영자가 직접 참여하거나 보고를 받기 때문에 현대카드·현대캐피탈은 변화가 일상화된 조직이 될 수 있었다.

4) 최고경영자의 리더십

현대카드·현대캐피탈의 변화와 혁신이 성공한 이유를 설명하기 위해 빠

뜨릴 수 없는 요소는 2003년부터 회사를 이끌고 있는 정태영 사장의 리더십이다. 정 사장은 회사 내 모든 부문의 변화를 이끌고 변화에 추진력을 불어넣는 역할을 해왔다. 새로운 전략, 사업방향, 조직문화의 혁신 등 많은 변화의 출발점과 과정에, 그리고 이후 새로운 변화의 모색에 정 사장이 있었다. 일부 사원은 정태영 사장의 리더십이 독선적이라 표현하고 있는데 그렇게 생각될 정도로 정 사장은 회사를 위해 필요한 변화라고 생각되면 강하게 밀어붙이는 리더십을 발휘해왔다. 독선적이라고까지 표현될 정도의 리더십을 발휘해왔다는 것은 역으로 정태영 사장이 최고경영자로서 뚝심 있고 집요하게 변화와 혁신을 추구하여 현대카드·현대캐피탈의 조직문화를 바꾸어왔다는 것을 의미한다. 그 결과 업계의 하위권 기업을 가장 유명하고 성공적인 기업으로 탈바꿈시킨 것이다.

3 개선방향

2003년 이후 현대카드·현대캐피탈이 보여준 끊임없는 변혁은 연공서열 중심의 획일적인 인사제도를 시장원리에 기반을 둔 인사시스템으로 탈바꿈시켰다. 이는 어려운 경영환경을 극복하고 지속적인 성장을 도모하기 위한 것이었다. 더불어 정태영 사장 특유의 카리스마 넘치는 리더십과 경영철학은 창의와 혁신으로 대변되는 조직문화와 그에 적합한 다양한 인사제도로 발현되어 '현대카드·현대캐피탈스러운' 인사시스템 구축을 가능하게 했다.

'현대카드·현대캐피탈스러운' 인사시스템의 핵심은 인사팀이 주도하는 인사관리에서 탈피해 인사권을 현업에 상당 부분 분권화하여 시장원리에 의한 자유로운 경쟁을 장려하는 것이다. 이런 원리에 기반을 두고 부서와 개인 그리고 인사담당부서에게 요구되는 새로운 역할이 도출된다. 먼저 부서 수준에서는 적합한 인재를 적극적으로 유치하고 역량을 개발하는 것이 주요 인사 역할이 된다. 그리고 직원 개인은 자기주도적인 경력개발을 통하여 자신의 역량과 시장가치를 향상시키는 데 중점을 두어야 한다. 인사 담당 부서의 역할은 부서와 직원이 필요로 하는 새로운 제도를 수립하고 적절한 정보를 적시에 제공함으로써 시장 기능이 원활히 작동할 수 있도록 하는 것이다.

시장원리에 기반을 둔 인사제도를 운영한 결과 다각도의 업무개선 효과를 가져온 것으로 평가받고 있다. 직원 입장에는 자기주도적인 경력개발의 토대가 마련되었다. 커리어마켓을 통해 시장원리에 입각한 자유로운 직무 선택이 가능하게 되었고, HyFA 교육제도는 직원 개인의 경력 비전을 실현하기 위해 주도적인 자기개발 기회를 제공하고 있다. 뿐만 아니라 성과관리제도와 인사 포털(portal) 구축은 인사운영 전반에 대한 투명성을 증가시켰다. 직원 입장에서 시장 중심의 인사제도는 자기주도적 경력개발의 근간이 된 반면, 부서 수준의 조직 관점에서는 적극적인 인력운영의 토대가 확대되었음을 의미한다. 특히 커리어마켓을 통해 인력 선발의 폭을 넓히고 필요한 인력을 능동적으로 사내에서 선발할 수 있게 되었다. 또한 부서장 스스로 선택한 의사결정에 대한 책임의식을 강화하는 데 유인을 제공하게 되었으며, 부서 내 인력유출을 방지하기 위한 자구책을 세우는 계기가 마련되어 조직관리가 전반적으로 향상되었다는 평가를 받고 있다. 인사권이 대폭 현업에 위임되면서 인사 담당 부서는 과거 일상적인 운영 업무를 반복하는 집행자 역할에서 '시장'에서 나타나는 문제점에 대해 객관적으로 판단하여 조정하는 조정자 역할로 변모하였고, 전사 전략과 연계된 인사업무의 기획 기능이 강화되었다.

이러한 변화를 통해 현대카드·현대캐피탈의 직원만족도는 지속적인 상승 추세를 보여 왔다. 그런데 최근 이러한 추세에 변화가 생기고 있다. 직원만족도의 반기별 추이를 보면, 2004년 신인사제도가 도입된 이후 꾸준히 증가해오던 지수가 2009년 상반기를 정점으로 2009년 하반기에는 하락하였다(〈그림 Ⅵ-6〉 참조).

임원을 제외한 현대카드·현대캐피탈 정규직원 대상으로 실시한 2009년

〈그림 Ⅵ-6〉 반기별 직원만족도 개선 추이

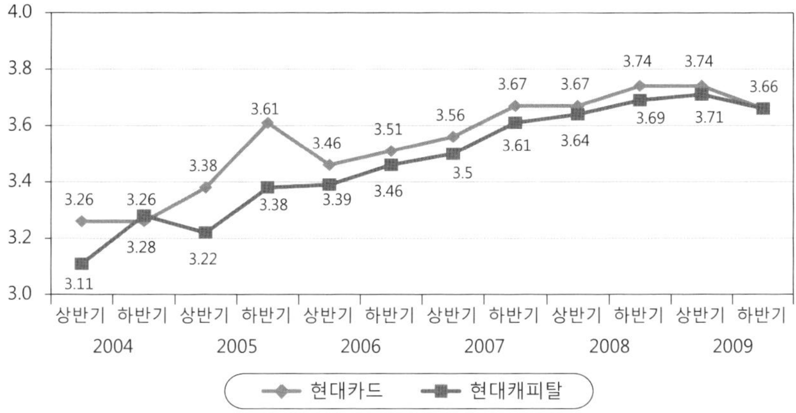

■ 2009년 하반기 직원만족도 지수: 카드 3.66/ 캐피탈 3.66

- 2008년 하반기 조사 대비: 카드 0.08 ▼ / 캐피탈 0.05 ▲

■ 설문조사 응답률: 카드 66.6% / 캐피탈 71.6%

- 카드: 703명 응답(1,056명 대상) / 캐피탈: 1,116명 응답(1,558명 대상)
- 2008년 하반기 조사 대비: 카드 9.8% ▼ / 캐피탈 3.8% ▼

하반기 직원만족도조사에 따르면, 전년 대비 양사 모두 하락한 3.66포인트를 나타내고 있다. 이는 현대카드의 경우 0.08, 현대캐피탈의 경우 0.05포인트 하락한 것이다. 현대카드·현대캐피탈의 직원만족도는 더 이상 증가하기 어려운 수준에 도달한 것인지, 아니면 이제 상당한 수순에 올라온 만큼 자연스러운 등락이 나타난 것인지는 아직 알 수 없다. 어떤 경우든지 2009년 상반기에 나타난 직원만족도의 고점은 우수한 수준과는 거리가 있으며, 현대카드·현대캐피탈의 명성에 걸맞지 않는 수준이라 생각된다.

물론 높은 직원만족도가 반드시 바람직한 것은 아니다. 직원만족도가 높은 기업이 반드시 재무적 성과가 높은 것이 아니며, 세계적인 기업 중에서도 직원만족도가 그리 높지 않은 경우도 있다. 그러나 직원만족도는 조직의 상태를 측정하는 가장 중요한 지표 중의 하나이기 때문에 조직관리를 위해 중요한 지표임에 틀림없다. 관건은 최고 수준의 직원만족도를 달성하는 것이 아니라 조직의 상황에 맞는 적절한 수준의 직원만족도에 이르도록 관리하는 것이다.

따라서 현대카드·현대캐피탈도 회사에 맞는 최적 수준의 직원만족도가 어느 수준인지 파악하고 이를 중심으로 직원만족도를 관리할 필요가 있다. 다만 직원만족도를 매우 높은 수준으로 가져가려고 하지는 않는다 해도 직원만족도가 3.7 수준에서 정점을 찍고 더 이상 올라가지 않는다면 이는 고민해야 할 문제다. 지속적인 직원만족도조사로 추이를 예의 주시하고 만족도가 저조했던 인적자원관리 부문의 정비를 통해 직원만족도를 관리할 필요가 있다. 인적자원관리 부문의 만족도가 저조했던 이유는 2003년 이후 조직의 급속한 팽창, 외부인력의 대규모 유입과 성과주의로의 이행, 낙후되었던 인사시스템의 개혁 등 너무도 많은 과제와 변화가 있었기 때문이다. 이러한 변화 과정에서 인사시스템이 대폭 개선되었음에도 불구하고 아직도 개선해야 할 영역이 많이 남아 있고, 사원들이 지금까지의 변화 과정 속에서 필연적으로 갖게 된 여러 불만이 쏟아질 수밖에 없어 인적자원관리 부문에 대한 만족도가 낮은 것으로 보인다. 앞으로 회사가 더욱 도약하면서 인적자원관리 부문은 개선해야 할 부분이 더 많아질 수밖에 없으며 이에 어떻게 대처해가는가에 따라 직원만족도의 향배가 달라질 것이다.

현대카드·현대캐피탈의 직원만족도가 3.7 수준에 머무는 주요 이유는 현대카드·현대캐피탈이 추구하는 성과주의 문화와 고성과자 위주의 인사·조직관리라고 보인다. 현대카드·현대캐피탈은 GE의 파트너답게 교육훈련, 기회, 급여 등에서 고성과자를 우대하는 조직문화를 가지고 있다. 이는 많은 글로벌 기업이 추구하는 조직문화이고 고성과 조직이 되는 길 중의 하나로 알려져 있다. 그러나 고성과자를 우대하게 되면 중간 수준 또는 성과가 부진한 사원들이 느끼는 상대적 박탈감은 불가피한 문제가 된다. 또 현대카드·현대캐피탈은 외부로부터 우수한 경력직 사원을 상당히 영입하는 조직이기 때문에 이들에 대한 처우와 기존 사원의 처우 간에 괴리가 발생하기 쉽고 이러한 괴리가 사원들의 만족도를 떨어뜨리게 된다. 직급별 사원 면담에서도 여러 사원이 이러한 문제로 인해 같은 회사를 다니면서도 사원들 사이에 '공동체의식'을 느끼기 어렵다는 점을 지적하였다. 그리고 성과주의의 강조는 간부 사원이나 임원이 부서 내 '부하 육성'을 등한시하는 결과를 낳게 된다는 불만도 자주 제기되었다. 이러한 문제를 안고서도 현재의 조직문화를 유지할 것인가는 현대카드·현대캐피탈의 전략적 판단의 영역이다. 많은 글로벌 기업과 마찬가지로 현대카드·현대캐피탈도 그러한 문화를 유지하기로 했다면, 여러 부작용을 최소화하기 위한 고민과 대처가 필요하다고 보인다. 그렇지 않으면 직원만족도의 지속적 개선은 어려울 것이다.

다음 문제점은 현대카드·현대캐피탈의 대표적 인사제도인 커리어마켓에 관한 것이다. 일부 사원들은 이 제도의 본래 취지와 달리, 부서 이전을 원하는 사원과 부서 간에 사전에 의견교환이나 '교감'이 이루어지는 경우가 있다는 불만을 가지고 있었다. 이렇게 된다면, 사전 조율을 모르는 사원들은 지원을 해도 소위 들러리가 될 가능성이 생긴다. 또 회사의 입장에서는 공석이 생긴 부서에 가장 우수한 사원 혹은 외부 인재가 아닌 사전 조율된 사원이 옮겨가게 되므로 최적의 인력배치를 할 수 없게 된다. 이에 회사는 커리어마켓을 보완하고자 '사전권유'와 '사전차단'을 금지하기 위해 팀장들을 대상으로 그런 행위를 하지 않을 것이라는 서약서를 받고, 이동자 면담과 익명의 인터넷 제보 기능을 추가하는 등 인사팀의 감사(audit) 기능을 강화했으며, 팀원의 경력개발지원과 관련한 내용을 상향평가에 반영하여 커리어마켓 운영과 개인성과평가를 연계했다. 아울러 회사는 커리어마켓을 보완하는 취지에서 현재 트레이드마켓의 도입을 검토하고 있다. 그럼에도 불구하고 커리어마켓을 시행하는 중 부득이하게 발생하는 부분별 인력증감의 불균형과 특정 소수 인력의 만년 정체 문제는 인사팀이 적극적으로 개입하여 정책적인 직무순환을 이룰 필요가 있다.

다음 문제점은 평가제도에 관한 것이다. 최근 현대카드·현대캐피탈은 정태영 사장의 강력한 주문에 따라 제도보완이 필요한 실패사례 발굴에 역량을 집중하고 있다. 이는 시스템을 잘 갖추면 질 높은 조직운영이 가능하고 제도만큼이나 중요한 것이 제도를 어떻게 운영하느냐에 달려 있다는 정태영 사장의 경영철학을 반영한다고 할 수 있다. 이를 위해 'Operational Excellence(운영의 효율성)'란 기치 아래 제도개선작업을 전개하고 있다. 평가 부문과 관련해서는 육성형 신평가제도의 문제점들이 도출되고 있다. 예를 들어, 평가자가 기술식 평가를 성의 없이 작성하거나, 기술식 평가의 내용과 실제 평가등급 간의 부조화 문제가 지적되었다. 이런 문제들을 해결하기 위해 더욱 체계적이고 내실 있는 평가자 교육이 필요하다. 또 평가자의 평가 책임을 지금보다 확대하여 부하를 육성하는 평가, 부하의 기여에 부합하는 평가가 이루어지게 해야 한다.

4 현대카드·현대캐피탈의 지속적인 혁신

지금까지 현대카드·현대캐피탈의 변화와 혁신은 매우 성공적이었으나 지속적으로 더 나은 성과를 달성하기 위해서는 회사의 역량과 수준을 더 높여갈 필요가 있다. 이를 위해 현대카드·현대캐피탈은 '인재관리의 혁신(talent management innovation)'을 새로운 전략과제로 설정하였다. 이에 따라 현대카드·현대캐피탈은 최근 다음 네 가지 부문에서 인사혁신을 도모하고 있다.

- 직무·직계체계별 인력운영
- 채용·조직별 정원 관리
- 직급·승진·호칭·평가제도
- 코스모폴리탄 인재 양성

먼저, 직무·직계체계별 인력운영의 필요성은 현대카드·현대캐피탈의 사업 분야가 다양해지고 비즈니스 모델이 다양화됨에 따라 파생되는 문제를 해결하기 위한 움직임이다. 현대카드·현대캐피탈의 고객과 서비스의 종류와 수준이 다양해짐에 따라 업무가 다양화되고 인력 규모가 증가하였고, 이에 따라 일반직과 사무직의 중간계층의 수요가 발생하여 직무의 정의와 분류가 모호하게 되었다. 이로 인해 조직운영, 채용, 이동과 보상관리가 불분명하게 되는 문제가 나타났다. 뿐만 아니라 2009년 기간제 근로자 보호법의 발효로 계약직을 2년 이상 활용하는 것이 불가능해짐에 따라 운영 역량의 안정적인 확보가 중요한 이슈로 떠올랐다. 따라서 명확하게 정의된 직무를 기반으로 직군과 직계를 정비하여 차별화된 운영방식으로 접근할 필요가 생겼다. 특히 B2B 영업 부문처럼 업무 연속성이 중요하여 장기근속이 필요한 직무의 인력운영방식을 개선할 필요가 생겼다. 이를 해결하기 위해 직계와 신분에 의한 인사운영을 탈피하여 직무·역할·직책·성과를 근간으로 유사한 직무를 그룹화한 신인사제도를 설계하고 있다. 구체적으로 기획관리, 영업관리, 채권관리 등 8개의 직무그룹으로 구분하고, 각 그룹별로 채용, 평가, 보상 등 인사제도를 도입하고자 개선 중이다.

다음으로 채용 및 조직별 정원관리 문제는 임직원의 의견을 반영하여 개선이 이루어지고 있는 분야다. 내부 보고서에 따르면, 본부장과 실장들은 현재 정원(T/O)을 바탕으로 인력관리가 이루어지지 않고 각 본부에서 필요인력을 충원해가는 방식은 비용부담이 커질 수 있음을 지적하고 있다. 정태영 사장도 조직장에게 인건비 지출액과 추세에 대해 알려주는 등의 조치를 통해 본부장 중심의 현업주도 조직관리의 필요성을 역설했다. 이를 위해서 본부장과 실장은 정원(T/O) 개념을 도입한 인력관리와 조직장이 채용을 결정할 수 있는 권한위임의 필요성을 나타냈다. 또한 우수한 인력을 선발하기 위해 현행 면접 위주의 채용보다는 일정 기간 업무를 수행시키며 관찰할 수 있는 인턴제도를 적극 활용할 것을 제안했다. 현재 현대카드·현대캐피탈은 신입사원의 약 40%를 인턴제도를 통해 채용하고 있으며, 향후 인턴십의 확대뿐만 아니라 채용방식 개선과 효과성을 증대하기 위한 방안을 모색하고 있다.

임직원의 의견을 수렴하여 도출된 또 하나의 이슈는 직급·승진·호칭·성과관리와 관련이 있다. 본부장과 실장급 임원들은 변화와 혁신을 추구함에도 불구하고 대리부터 부장까지 이어지는 전통적인 직급체계를 유지하고 있는 것에 대해 우려를 나타냈다. 이 때문에 직원들이 승진을 지나치게 중시하게 되며 승진에서 누락된 유능한 인력들이 회사에 불만을 갖는다는 것이다. 또한 시간이 흐르면서 조직 내에 고위 직급자들이 양산되는 부작용이 초래되므로 직급과 보직의 유연성을 높여야 한다는 것이다. 이와 관련하여 임원 이하 직원들도 비슷한 의견을 가지고 있었는데, 우선 직급별 승진율이 낮고 적정시기에 승진이 되지 않아 이직이 발생하는 것으로 인식하고 있었다. 특히 비교적 전직이 용이한 우수인력이 승진에서 누락될 경우 자신의 장기적인 성장과 급여 면에서 손해를 볼 것이라고 판단해 이직하는 경우가 있는 것으로 나타났다. 이에 대해 사업의 다각화와 글로벌화를 추구하는 현재의 기조를 바탕으로 국제적으로 통용될 수 있는 직급체계를 도입하는 것이 대안으로 제시되었으며 현재 인사팀이 이를 적극적으로 검토하고 있다. 한편 현대카드·현대캐피탈이 현재 보유하고 있는 우수한 인력풀(pool)을 고려해볼 때 강제배분방식의 상대평가와 그에 연동된 보상 및 승진제도가 부적절한 경우가 있다. 이에 따라 직책·역할 중심의 직급 및 보상 방안을 모색하고 있으며, 상대평가로 인한 평가 왜곡 등의 문제를 해결하기 위해 평가제도 전반을 개선 중이다.

마지막으로 현대카드·현대캐피탈은 여의도 본사를 메카로 하여 세계 수준의 경쟁력을 확보한 코스모폴리탄(cosmopolitan) 회사로 성장하려는 계획을 가지고 있다. 이를 위해 언어능력뿐만 아니라 변화하는 세계에 대한 폭넓은 이해, 문화적 소양과 직무 전문성을 두루 갖춘 코스모폴리탄 인재를 육성하려 한다. 이와 같은 코스모폴리탄 인재는 세계를 무대로 뻗어가는 현대카드·현대캐피탈의 사업을 확장하고 세계의 경영 트렌드를 리드하는 진정한 세계인을 의미하며, 이런 인재를 육성하기 위하여 GEP(Global Exchange Program)와 GSV(Global Site Visit) 프로그램을 2010년부터 운영하고 있다.

GEP와 GSV는 현대카드·현대캐피탈과 해외 거점 간 상호 인력교환 프로그램으로, 글로벌 인재를 육성할 뿐만 아니라 해외에 진출한 법인과 사무소에 적용 가능한 현대카드·현대캐피탈의 공통된 기업문화와 인사제도를 전파하게 된다. 또한 이들 프로그램은 각국의 고유한 조직문화와 융화를 통해 세계적 금융회사로 도약하기 위한 고품격 리더 육성 프로그램이다.

이러한 코스모폴리탄 인재 육성 프로그램의 프로세스는 3단계로 이루어진다. 1단계에서는 기본 글로벌 역량 보유자를 선발하여 GSV 프로그램을 제공하고, 2단계에서는 GEP를 통한 글로벌 직무훈련을 실시한다. 3단계에서는 글로벌 사업 직무를 수행하는 해외주재원 파견을 거쳐 최종적으로 국가와 지역에 관계없이 글로벌 사업수행과 전략 수립이 가능한 리더로 성장하게 된다.

이러한 변화와 혁신의 흐름 속에 현대카드·현대캐피탈은 지금까지와 마찬가지로 앞으로도 'Science in a Tiffany Box'라는 원칙을 추구하고자 한다. 인사담당부서는 자율성과 창의성에 기반하여 현업 위주의 인사관리를 뒷받침하기 위해 정밀한 분석에 근거한 정교한 제도 구축에 초점을 두고 있다. 정태영 사장은 인사관리의 방향성을 언급하며 '어제의 성공의 희생양이 돼서는 안 된다'고 거듭 강조하고, 끊임없는 변화와 혁신을 주문하고 있다. 오늘날의 성공은 조직문화, 시스템, 전략의 삼박자가 적절하게 어우러진 가운데 가능했다는 것을 되새기며, 향후 하위 조직과 조직문화의 확산이 필요하다고 역설하고 있다. 그리고 정태영 사장은 일관된 메시지를 끊임없이 전달하고, 이를 통해 조직구성원 간에 '잔잔한 신뢰'를 형성해야 한다고 말하고 있다. 그렇게 할 때 현대카드·현대캐피날은 안국을 님어 세계 초일류 금융회사로 도약할 것이다.

참고문헌

김성수. 2010a. 『한국기업의 성과주의 인사시스템 변천』. 서울대학교출판문화원.

김성수. 2010b. 「혁신+시장: 한국형 조직문화 만들기」. 『동아비즈니스리뷰』 53.

김성수. 2009. 「단기 실적 집착이 한국형 성과주의 걸림돌」. 『동아비즈니스리뷰』 43.

김성수. 2009. 『사원 만족도 관리 전략: 예스코의 변화관리』. 서울대학교출판문화원.

김성수·박찬희·김태호. 2007. 『한국기업 성과급제도의 변천』. 서울대학교출판부.

Hamel, G. 2009. "On Change and Innovation." World Knowledge Forum. Seoul, Korea.

Kotter, J. P. 2010. *Leading Change: Why Transformation Efforts Fail*. Boston, MA: Harvard Business Press.

O'Reilly, C. A. 2000. *Hidden Value: How Great Companies Achieve Extraordinary Resultswith Ordinary People*. Boston, MA: Harvard Business Press.

찾아보기

ㄱ

가치사슬분석 12
감사(audit) 16, 46, 48, 56, 60, 106, 143
개인성과급 51, 105, 108, 109, 115, 117
개인신용대출 2, 5
경력개발계획 12, 16, 36, 41, 55, 67, 104, 105
경영비전 7
경영성과급 50, 105
경영합리화 11, 14, 15, 62
고속승진 33, 119
고용주 브랜드(employer brand) 133
공동체의식 90, 143
공유가치 31, 67, 80, 83, 103, 122, 123
공정성(equity) 10, 15, 16, 48, 49, 51, 54~58, 60, 76, 104, 106, 111
공통역량 13, 26, 32, 47, 70, 74, 110, 112
공통역량평가 13, 110, 112
관리역량 13, 18, 61, 110, 112, 122, 123
관리역량평가 110, 112
교차판매(cross-selling) 14
글로벌 배낭여행제도 87
글로벌 아카데미 65, 68, 122, 124
금품수수 신고제도 76
기본급 13, 14, 116
기본연봉 115~117
기업문화활동 29
기업윤리 9, 27, 63, 73, 74, 123, 130
기업이미지 2, 14, 26, 28, 31, 74, 80

ㄴ

내부고객만족 11, 14, 35, 62, 95, 115
내부고발제도 76
노타이(no-tie) 정책 80

ㄷ

독특함(uniqueness) 31, 75, 83
동호회활동 31, 78, 79, 92

ㄹ

루키 포럼 63, 137
리더십 25, 43, 44, 59, 120
리더십 아카데미 65, 68, 122
리더십 포럼 9, 18, 20, 64, 68,

70, 105, 123, 127, 137

ㅁ

Market Place 76, 77, 130
멈추지 않는 변화(never-ending changes) 8, 61
멘토링 프로그램 86
목표관리제도(MBO) 11, 13, 16, 47, 50, 103, 107, 109, 111
무관용 원칙(zero tolerance policy) 9, 74, 75, 121, 123
문화 마케팅 프로그램 88
미디어 믹스(media mix) 31

ㅂ

벽 없는 조직 구축 83
변동성과급 14
보상차별화 13, 33, 45, 47~49, 105, 115
복리후생제도 18, 22, 23, 100, 105, 125
브랜드(brand) 2, 6, 7, 14, 25, 28
브랜드관리팀 28, 80
브랜드 아이덴티티 6
비전 7~9, 23, 26, 27, 29, 31, 44, 74, 82, 83, 89

ㅅ

사내공모(job posting) 35~37, 39~41, 99
사내충원 쿼터 39, 46
4대 경영방침 3, 31, 74, 123, 134, 135
사무직 37, 99, 108, 116~120, 123, 145
직원만족도 21, 23, 61, 141, 142
사원식당 82
사이버 아카데미 85
사정형 인사시스템 15, 103
사정형 평가제도 15
사회공헌활동 92, 93
상여금 13
선발과정 67, 68, 105, 124
선택과정 62, 66, 68, 70, 122, 124
성과관리제도 33, 46, 48, 58
성과주의 문화 83, 103, 104, 142
세이프가드(safeguard) 39, 46
스터디마켓(study market) 71, 72, 131
스피드 8, 26, 44, 74, 134
승진포인트 51, 109, 119, 120
승진포인트 제도 33, 119
CLB(Change Leader Board) 2, 84, 85, 91, 137, 138
신인사제도 12, 48, 115, 118

ㅇ

업적공유세션 54, 55, 60
업적평가 13, 14, 16, 45, 47~50, 55, 56, 107~112, 115~117, 120
역량평가 13, 14, 16, 32, 45, 50, 55, 56, 107~109, 111~114, 116, 120
연공서열 9, 12, 20, 47, 115, 135,

139
연봉제 12, 13, 20, 47, 115, 118
영업조직(front office) 115, 116
영 포럼(young forum) 9, 18, 64, 68, 70, 105, 123, 137
오토리스(auto-lease) 1, 5
오픈커리어존(open career zone) 36, 37, 39, 41
월정급여 116
유류비 125
유아교육비 125
육성형 신인사제도 43
육성형 신평가제도 16, 20, 34, 48, 50, 53, 56, 57, 61, 96, 106, 121, 128, 144
윤리경영(compliance) 9, 67, 74~76, 88, 90, 121
윤리의식 9, 26, 63, 74, 120
이-러닝(e-learning) 62
이미지 메이킹(image making) 32
이의신청제도 49
이익분배제도(profit sharing) 50, 105
인사관리 11, 14, 33, 147
인사관리시스템 95, 96
인사기록표 101
인사정보시스템 100
인사포털시스템 99
인재경영체계 8, 32
인재개발 17, 32, 121
인적 경쟁력 10, 16, 34, 86, 120
인턴십(internship) 32, 67, 145
인턴제도 145
인트라넷 76, 78, 95
일반직 145
일주일 원칙 36, 37
일하기 좋은 회사(great workplace) 31, 75, 86
일하기 좋은 회사 추진활동 91
임원과의 대화 77, 91
임직원 쇼핑몰 74

ㅈ

자기신고(my account) 35, 41
자기평가(self-evaluation) 56, 111
자동차금융 1, 7
자율성 90
전략적 커뮤니케이션 87
전략중심 26, 44
전문가(specialist) 47
전문화(specialization) 35
전환배치 42, 118
전환배치제도 39
정기상여 116
정태영 2, 4, 7, 23, 44, 73, 76, 77, 80, 86, 128, 136, 139, 147
제너럴 아카데미 65, 67, 76, 121, 123
조직문화 2, 7, 17, 28, 32, 43, 44, 63, 73, 74, 76, 78, 135, 137, 139
조직문화활동 87, 88
조직성과급 50, 108, 109, 116, 117
종합검진 125

종합급 116
주택담보대출(mortgage) 2, 5
준법(compliance) 63
GE(General Electric) 2, 5, 14, 83
직무가치(job value) 12
직무관리 12
직무분류체계 12, 117
직무수당 116
직무역량 13, 63, 67, 112
직무역량평가 13, 47, 99, 110~113
직무 프로파일 12
직원만족도조사(ESI) 2, 20, 22, 41, 42, 58~60, 69, 89, 127~131, 137, 138, 141, 142

ㅊ

창의성 26, 27, 41, 63, 65, 70, 73, 74, 79, 110, 130, 147
책임감 26, 63, 70, 74, 110

ㅋ

카페테리아 방식 125
커리어마켓(career market) 2, 10, 16, 18, 19, 34, 37, 39~46, 56, 96, 118, 137, 143
커뮤니케이션 29, 64, 76, 130
코스모폴리탄 인재 144, 146, 147
CUBE 95, 99

ㅌ

통일성(unification) 75, 80, 83
투명성 16, 42, 48, 49, 76, 140
팀워크 26, 63, 70, 74, 110, 115

ㅍ

평가기술서 101
표준성과급 50, 115~117
프로페셔널 아카데미 65, 67, 123
필수과정 62, 66, 67, 76, 122, 123

ㅎ

HyFA 교육제도 31, 33, 62, 64, 65, 67, 69~71, 120, 122
학습관리시스템 65, 71
할부금융 2
해외사업전략 68
핵심가치 3, 26, 35, 44, 62, 110, 134, 137, 138
핵심성과지표(KPI) 111
핵심역량 62
헌신(loyalty) 67
혁신(innovation) 8, 26, 44, 61, 130, 134
현대커머셜 1, 18, 40, 46, 127
현장교육(OJT) 62, 71
현장근무제도 77, 78, 91
호봉제 13
효율성 27, 42, 73

Abstract

Innovations at Hyundai Card/Hyundai Capital

Seongsu Kim

In 2003, Hyundai Card was in deep financial trouble, recording net loss of over $500 millions. Hyundai Capital was also recording net loss of over $200 millions. In the wake of these financial troubles, Ted Chung took office as CEO of both companies and began one of the most remarkable turnaournd in the industry.

Chung introduced a series of cards named after the English alphabet which proved to be huge hits owing the success to the scientific streamlining of card services and their visual appeal. Hyundai Card/ Hyundai Capital invited GE Capital as their second largest shareholder, allowing them to purchase over 35% of total equity. This allowed Hyundai Card/Hyundai Capital to lower their borrowing rates and to incorporate advanced practices and techniques from GE Capital.

The Seoul-based company also announced a set of core values to instill a new spirit and code of conduct among the employees. The core values are: Perpetual changes, Strategy-focused, Speed, and Innovation. Hyundai Card/Hyundai Capital is known for 'living up' to these values by implementing creative and sometimes experimental practices. One of the most famous practices of the company is Career Market. It is an on-line job posting system designed to allow the employees to freely switch to the positions of their choices. The company took much time and effort to ensure that the Career Market practice lives up to its original purpose. Hyundai Card/Hyundai Capital also runs Change Leader Board where some 20 junior managers make about 7 change proposals (related to human resource management and organizational culture issues) directly to CEO every month. The CEO has been quite forthcoming by adopting about 75% of the proposals to improve organizational effectiveness. Strong adherence to the core values is one of the reasons that the company has been so successful over the past 7 years.

Open and innovative culture at Hyundai Card/Hyundai Capital made the company to stand out in the industry and to be chosen as the Best Place to Work for in the credit card industry by Korea Management Association.

All of these changes and accomplishments occurred as Hyundai Card rose from the bottom to the third place in the credit card industry. As the industry leaders become more and more wary of Hyundai Card's ascent, the company faces more challenges. This book provides a careful description of the company's innovations and the challenges ahead.

::발간사

서울대학교 경영연구소의 '한국기업경영사 연구사업'은 한국기업경영에 대한 역사적 연구를 통하여 우리나라 기업경영의 역사와 변천과정, 그리고 이의 성과를 평가하고 미래발전에 대한 시사점을 제시하는 것을 기본 목적으로 시행되었으며, 그 연구의 결과로 본 총서를 발간하게 되었습니다.

한국기업의 성장 발전은 과거 30~40년 사이에 매우 빠르게 이루어져 한국경제 성장을 견인하여 왔으나, 한국기업의 발전과정에 대한 체계적인 연구는 이루어지지 않은 것이 오늘의 현실입니다. 역사를 모르고선 우리나라 기업경영의 미래와 발전을 바랄 수 없습니다. 본 총서는 우리 기업의 발전과정에 대한 체계적인 연구를 통하여 선진외국으로부터 1950년대 후반부터 도입된 경영학과 경영기법들이 한국적 토양에 어떻게 정착되었는지를 고찰하고, 향후 지속적인 발전을 위한 학문적 연구 방법 및 한국기업경영의 방향을 모색하였습니다.

본 연구를 토대로 서울대학교 경영연구소는 명실상부 한국기업경영사연구의 중추적 역할을 수행하며, 대학과 연구소의 국제적 경쟁력과 위상을 높일 수 있을 것으로 사료됩니다.

본 연구는 2004년 3월부터 42명의 서울대학교 경영대학 교수와 외부기관의 박사급 이상의 연구원이 공동으로 연구를 하였고, 주제는 산업별 역사, 기업경영사, 기업정책의 변천사 등을 총망라하였습니다.

본 연구총서가 학문적으로 국내외에서 유용한 연구자료로 활용됨은 물론이고, 우리 기업의 성장과정을 직접 체험한 기성세대에게 있어서 기업의 성장 발전과정에 관한 지식을 체계적으로 전달하고, 차세대 젊은이들에게도 유용한 정보를 제공하여 미래 한국기업경영의 방향을 모색하는 데 유익한 자료가 되길 바랍니다.

끝으로 밤을 밝히며 연구에 매진하여 훌륭한 연구실적을 내기까지 노력과 수고를 아끼지 않은 저자 여러분과, 본 연구를 위하여 기꺼이 연구비를 출연하여 주신 SK 그룹, 현대자동차그룹, 삼양사에도 심심한 감사를 드립니다.

2005년 7월
서울대학교 경영대학 학장
서울대학교 경영연구소 소장

:: 저자 약력

김성수

서울대학교 경영학과 졸업

미국 University of Chicago 경영학 석사

미국 University of California, Los Angeles(UCLA) 경영학 박사

1997-현재 서울대학교 경영대학 교수(전공분야: 인사·조직)

수상

대한민국학술원 우수학술도서 선정, 2008

Mercer 최우수논문상(Mercer Award), 2004

한국인사조직학회 국제학술상, 2002

미국 경영학회(Academy of Management) 최우수논문상, 1997

저서 및 논문

「인적자원 아키텍쳐가 조직유효성에 미치는 영향」. 『노사관계연구』 13(2): 123-142. 2002.

「성과급 제도의 동향과 전망」. 『경영논집』 37(1): 29-44. 2003.

『전략적 인사관리』. 서울대학교출판부. 2006.

『한국기업 성과급제도의 변천』(공저). 서울대학교출판부. 2007.

「경영시스템의 변화와 혁신: Transformations of SK」. 『서울대학교 경영연구소 사례시리즈 2』. 우듬지. 2008.

『사원 만족도 관리 전략: 예스코의 변화관리』. 서울대학교출판부. 2009.

『한국 제약기업의 변화와 도전: 한올제약의 전략적 선택』. 서울대학교출판부. 2009.

『네오위즈의 인사관리』. 서울대학교출판문화원. 2010.

『한국기업의 성과주의 인사시스템 변천』. 서울대학교출판문화원. 2010.

서울대학교 경영연구소 기업경영사 연구총서

01 한국기업 배당정책의 변화 | 최도성·김성민

02 한국기업의 서비스 품질 평가제도 변천과정 | 이유재·라선아

03 한국 브랜드의 진화 및 발전 | 김재일

04 한국 백화점 역사 | 김병도·주영혁

05 한국 인터넷 기업의 변천사: 네트워크 경제의 실험과 형성 | 안중호·양희동·오상조·김은진

06 우리나라의 기업공시제도: 공정한 거래와 투명한 정보제공 | 윤계섭·허희영

07 한국 PC산업의 발전과정 | 김상훈·오정석

08 한국기업 해외직접투자 전략의 변천 | 이동기·박남규·조영곤·김동희

09 한국기업의 ERP 도입과 운영의 변천사 | 안상형·이창희·최강화

10 한국 팀제의 역사, 현황과 발전방향 | 박원우

11 기업세무전략에 대한 실증 | 정운오·박종일·박찬웅

12 한국기업의 특허전략 변화 | 송재용·신현한

13 한국기업 성과급제도의 변천 | 김성수·박찬희·김태호

14 한국 온라인게임산업의 발전과정과 향후 과제 | 노상규·위정현

15 한국 이동통신 서비스 및 단말기 산업의 변천과 발전방향 | 박철순·김성훈

16 우리나라의 회계감리제도 | 이창우·유재규·고종권

17 개성상인의 현대경영학적 재조명 | 주우진

18 한국 기업의 임금관리 | 최종태·박준성·이준우

19 한국 장수기업의 성공사례: 삼양사 기업경영사 연구 | 신유근

20 한국 전자산업의 마케팅 발전 과정 | 임종원·이한석·송상헌

21 한국 기업의 인사평가 변천사 | 박오수·김기태·전병준

22 한국 자동차산업의 제품혁신 역사와 애프터마켓 | 김수욱

23 한국 기업의 경영 정보 시스템 변천사 | 장정주·권순동

서울대학교 경영연구소 기업경영사 연구총서

24 한국 제약기업의 변화와 도전: 한올제약의 전략적 선택 | 김성수

25 사원 만족도 관리 전략: 예스코의 변화관리 | 김성수

26 한국기업의 경영사례 | 김수욱 · 이동기 · 조재호 · 김태웅 · 박재석 · 박지영 · 왕수봉 · 윤선흠 · 조정은

27 네오위즈의 인사관리 | 김성수

28 한국기업의 성과주의 인사시스템 변천 | 김성수

29 다음커뮤니케이션의 전략적 인사관리 | 김성수

30 현대카드 · 현대캐피탈의 변화와 혁신 | 김성수

31 기업의 인재관리 전략: 하나금융그룹의 사례를 중심으로 | 김성수

32 양손잡이 조직 웅진씽크빅의 혁신 | 김성수